精装珍藏版

大师国学课

读书与做人篇

朱光潜　等著

中国经济出版社
CHINA ECONOMIC PUBLISHING HOUSE
·北京·

图书在版编目（CIP）数据

大师国学课：精装珍藏版．读书与做人篇／朱光潜等著．--北京：中国经济出版社，2024.8．--（中国文化经典大师说）．-- ISBN 978-7-5136-7867-4

Ⅰ．Z126-49

中国国家版本馆 CIP 数据核字第 2024Z2S679 号

责任编辑　张　丽
责任印制　马小宾
封面设计　平　平

出版发行　中国经济出版社
印 刷 者　北京鑫益晖印刷有限公司
经 销 者　各地新华书店
开　　本　880mm×1230mm　1/32
印　　张　8.5
字　　数　190 千字
版　　次　2024 年 9 月第 1 版
印　　次　2024 年 9 月第 1 次印刷
定　　价　68.00 元
广告经营许可证　京西工商广字第 8179 号

中国经济出版社 **网址** http://epc.sinopec.com/epc/ **社址** 北京市东城区安定门外大街 58 号 **邮编** 100011
本版图书如存在印装质量问题，请与本社销售中心联系调换（联系电话：010-57512564）

白蓮社圖熙寧中龍眠李公麟伯時居山時所作
也即雲松泉石邃為道場不欲屋室磯所見也挈
經乘馬欲入者謝康樂靈運也藍輿而出隨以酒
者陶淵明也捉手相遇而咲談者社主法師惠遠
與簡寂先生陸脩靜也坐石而相對者罽賓佛馱
耶舍尊者與佛馱跋羅尊者也設師子金像而讚
佛事者鴈門周續之道祖與法師曇常法師道昺
也圍坐於石臺而翻經者彭城劉遺民仲思南陽
張望季碩西林釋覺寂大師惠永與法師惠持惠
睿也觀流瀑而浣足者南陽張野萊民也踞胡床
而憑几者東林普濟大師竺道生也坐獸皮而執
白羽者豫章雷次宗仲倫也展法具而趺坐者法
師曇詵與法師道敬也策杖而行於山逕間者法
師曇順與南陽宗炳少文也蓋劉仲思雷仲倫周
道祖宗少文張萊民張季碩皆慕遠師德名而投
社者也若釋惠乘道生耶舍跋陀羅尊者惠睿皆
與遠師道法相契者也惠持則遠師之眷弟也曇
順曇常道昺道敬曇詵皆遠師之弟子也是為十
八賢至於陸脩靜則遠師與之遊送必過虎溪者

也陶淵明則遠公爲置酒邀之而不肯入社者也
謝靈運則嘗種池蓮願入社而遠公止之者也右
三人外有驅蛇行者執經估士與童行佛奴凡十
七人皆附於圖自遠公而下十八賢陳舜俞令擧
爲廬山記人自有傳龍眠李棠德素爲書其略

向來大道豈多岐心法端從像法非達士
不生人我相攸終和會與同歸
稚陽范悟庵之題　紹興己卯八月既望
汝二年季日陽翹六公跋尾書于後

余嘗畫其圖而未得也記大觀三
年正旦贛川陽行先屆士自國錄
告假歸玉岩舊隱見過廬陵云道
由匡山得記已歸借余傳之伯時
德素皆諸舅也行先游從之舊喜
得之已證圖畫云投予張激書

廬山東林十八公皆求脫穢土願生安樂
國者也社主惠遠法師諸惠持惠永

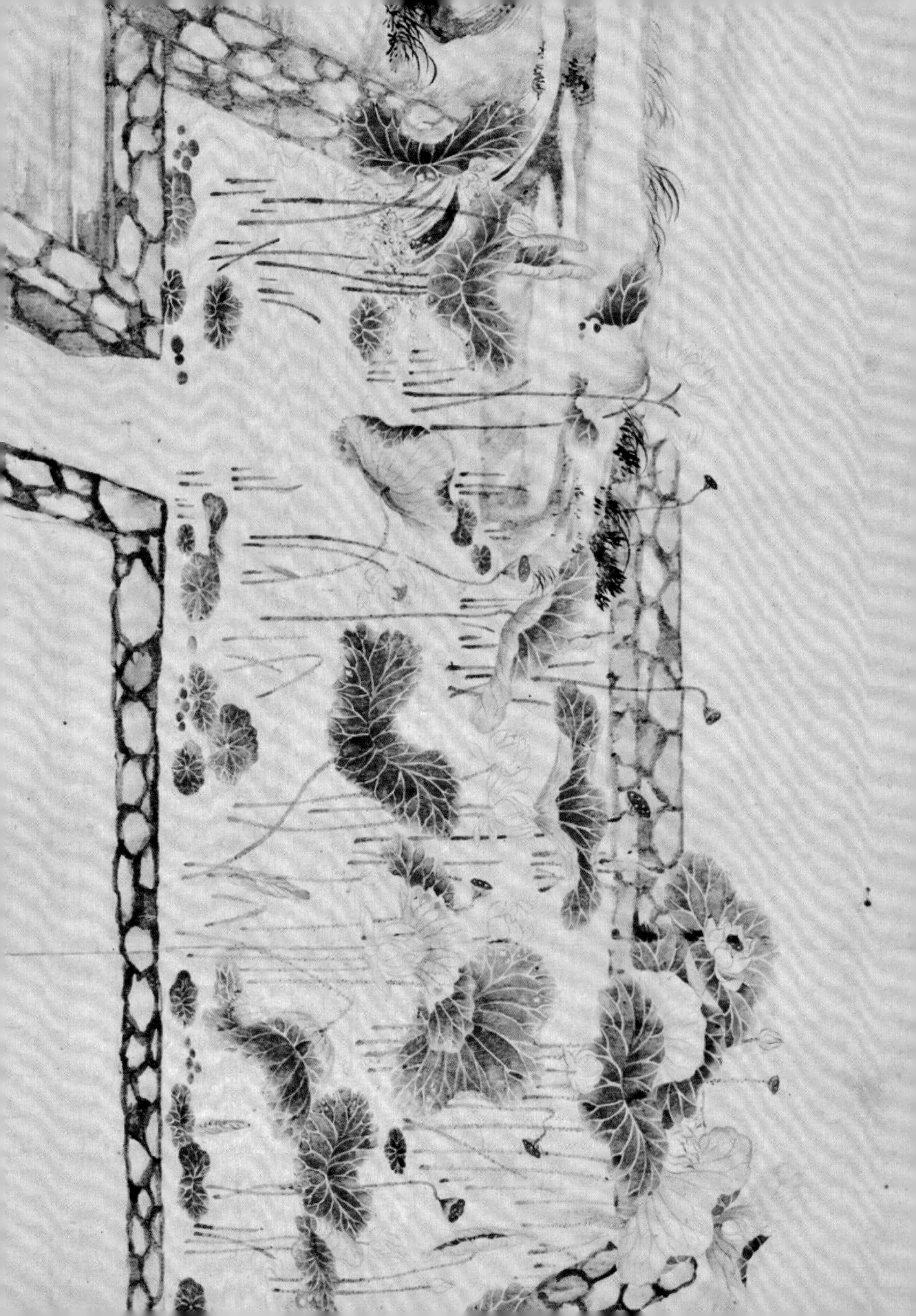

道生道昺暈洸暈順道前惠叡暈
常佛䭾耶舍跋羅陁宗炳周續之張
野雷次宗劉遺民遺民名程字仲思
楚元王之後皆得往生國中其法觀經
言之詳矣道士陸脩静過遠公為破戒
而道過虎溪者謝靈運心亂而去社中
復來者世之人以勢利傾奪無一念如樂
於己以是考之孰謂夫得耳僕老矣自
捐廢來十餘年世味日淺每以觀經及
淨土決疑二者入心深神期盡此報身
必生彼國白友中以龍眠李伯時作白蓮
社圖　秋披小軸因書大都寄與勝
友共曆升濟也政和丙申二月十七日趙
令時德麟書
昰年冬傳此本於趙元卅投
子山叟張澂書

我们站立在高高的山巅，化身为一望无边的远景，
化成面前的广漠的平原，化成平原上交错的蹊径。
哪条路，哪道水，没有关联，
哪阵风，哪片云，没有呼应；
我们走过的城市、山川，都化成了我们的生命。
……
我们随着风吹，随着水流，
化成平原上交错的蹊径，化成蹊径上行人的生命。

——冯至

编者的话

这是一套面向年轻读者普及优秀国学文化的简明读本，涵盖中国传统文化各个方面，分为八册：国学篇、哲学篇、历史篇、美学篇、国文篇、读书与做人篇、诗词鉴赏篇、文字学启蒙篇。

本系列图书力求从前辈文化大师的经典文章中撷取精华，帮助读者在各个方面对中国文化有一个框架化的认识，并将大师们最富活力和创造力的知识与人生智慧应用于现代读者的日常生活、工作和学习之中。

更重要的是，这套书将带领读者穿越时间的阻隔，接续悠久而厚重的文明脉络，探寻中国人的文化基因，领略优雅、博大、充满思辨精神和生命智慧的传统文化之美……

因写作和出版时代较为久远，本书所选篇目中的一些遣词造句、古今人名、地名、译名等与现代通行出版规范有所不同，一些语法表述及标点符号的使用也有些微差异，为照顾现代读者的阅读体验，在编辑过程中有所改动，正文中不再注明，请读者予以谅解。

需要特别说明的是，本书所选作品，我们已经尽可能一一获取著作权。如存在因疏漏未取得著作权的情况，敬请相关权利人与我们联系，以便我们寄奉稿酬，并致谢忱！

目录

CONTENTS

谈读书

谈读书（一）

朱光潜

朋友：中学课程很多，你自然没有许多时间去读课外书。但是你试抚心自问：你每天真抽不出一点钟或半点钟的工夫吗？如果你每天能抽出半点钟，你每天至少可以读三四页，每月可以读一百页，到一年也就可以读四五本书了。何况你在假期中每天断不会只能读三四页呢？你能否在课外读书，不是你有没有时间的问题，而是你有没有决心的问题。

世间有许多人比你忙得多。许多人的学问是在忙中做成的。美国有一位文学家、科学家和革命家——富兰克林，幼时在印刷局里做小工，他的书都是在做工时抽暇读的。不必远说，你应该还记得，国父孙中山先生，难道你比那位奔走革命席不暇暖的老人家还要忙些吗？他生平无论忙到什么地步，没有一天不偷暇读几页书。只要看他的《建国方略》和《孙文学说》，你便知道他不仅是一个政治家，而且是一个学者。不读书讲革命，不知道“光”的所在，只是暗头乱撞，终难成功。这个道理，孙先生懂得最清楚的，所以他的学说特别重“知”。

人类学问逐天进步不止，你不努力跟着跑，便落伍退后，这固不消说。尤其要紧的是养成读书的习惯，是在学问中寻出一种兴趣。**你如果没有一种正常嗜好，没有一种在闲暇时可以寄托你的心神的东西，将来离开学校去做事，说不定要被恶习惯引诱。**你不看见现在许多叉麻雀、抽鸦片的官僚、绅商乃至教员，不大半由学生出身吗？你慢些鄙视他们，临到你来，再看看你的成就吧！

但是，你如果在读书中寻出一种趣味，你将来抵抗引诱的能力比别人定要大些。这种兴趣你现在不能寻出，将来永不会寻出的。凡人都越老越麻木，你现在已比不上三五岁的小孩子那样好奇、那样兴味淋漓了。你长大一岁，你感觉兴味的锐敏力便须迟钝一分。达尔文在自传里说过，他幼时颇好文学和音乐，壮时因为研究生物学，把文学和音乐都丢开了，到老来他再想拿诗歌来消遣，便寻不出趣味来了。兴味要在青年时设法培养，过了正常时节，便会萎谢。比方打网球，你在中学时欢喜打，你到老都欢喜打。假如你在中学时代错过机会，后来要发愿去学，比登天边要难十倍。养成读书习惯也是这样。

你也许说，你在学校里终日念讲义看课本就是读书吗？讲义课本着意在平均发展基本知识，故亦不可不读。但是你如果认为念讲义看课本，便尽读书之能事，就是大错特错。第一，学校功课门类虽多，而范围究极窄狭。你的天才也许与学校所有功课都不相近，自己在课外研究，去发现自己性之所近的学问。

再比方你对某种功课不感兴趣，这也许并非由于性不相近，只是规定课本不合你的口味。你如果能自己在课外发现好书籍，你对那种功课的兴趣也许就因而浓厚起来了。第二，念讲义看课本免不掉若干拘束，想借此培养兴趣，颇是难事。比方有一本小说，平时自由拿来消遣，觉得多么有趣，一旦把它拿来当课本读，用预备考试的方法去读，便不免索然寡味了。兴趣要逍遥自在地、不受拘束地发展，所以为培养读书兴趣起见，应该从读课外书入手。

书是读不尽的，就读尽也是无用，许多书没有一读的价值。你多读一本没有价值的书，便丧失可读一本有价值的书的时间和精力；所以你须慎加选择。你自己自然不会选择，须去就教于批评家和专门学者。

我不能告诉你必读的书，但我能告诉你不必读的书。许多人曾抱定宗旨不读现代出版的新书，因为许多流行的新书只是迎合一时社会心理，实在毫无价值，经过时代淘汰而巍然独存的书才有永久性，才值得读一遍两遍以至无数遍。我不敢劝你完全不读新书，我却希望你特别注意这一点，因为现代青年颇有非新书不读的风气。别的事都可以学时髦，唯有读书做学问不能学时髦。

我所指不必读的书，不是新书，是谈书的书，是值不得读第二遍的书。走进一个图书馆，你尽管看见千卷万卷的纸本子，其中真正能够称为“书”的恐怕难上十卷百卷。你应该读的只是这十卷百卷的书。在这些书中间，你不但可以获得较真确的知识，而且可以于无形中吸收大学者治学的精神和方法。这些书才能撼动你的心灵，激动你的思考。其他像“文学大纲”“科学大纲”以及杂志报章上的书评，实在都不能供你受用。你与其读千卷万卷的诗集，不如读一部《国风》或《古诗十九首》，你与其读千卷万卷谈希腊哲学的书籍，不如读一部柏拉图的《理想国》。

你也许要问我像我们中学生究竟应该读些什么书呢？这个问题可是不易回答。你大约还记得北平《京报副刊》曾征求“青年必读书十种”，结果有些人所举十种尽是几何代数，有些人所举十种尽是《史记》《汉书》。这在旁人看起来似近于滑稽，而应征的人却各抱有一番大道理。本来这种征求的本意，求以一个人的标准做一切人的标准，好像我只喜欢吃面，你就不能吃米，完全是一种错误见解。各人的天资、兴趣、环境、职业不同，你怎么能定出万应灵丹似的十种书，供天下无量数青年读之都能感觉同样趣味、发生同样效力？

我为了写这封信给你，特地去调查了几个英国公共图书馆。他们的青年读物部最流行的书可以分为四类。（一）冒险小说和游记，（二）神话和寓言，（三）生物故事，（四）名人传记和爱国小说。就中代表的书籍是凡尔纳的《八十天环游地球》（*Jules Verne*：*Around the World in Eighty Days*）和《海底两万里》（*Twenty Thousand Leagues Under the Sea*），笛福的《鲁滨孙漂流记》（*Defoe*：*Robinson Crusoe*），大仲马的《三剑客》（*A·Dumas*：*Three Musketeers*），霍桑的《奇书》和《丹谷闲话》（*Hawthorne*：*Wonder Book and Tangle Wood Tales*），金斯利的《希腊英雄传》（*Kingsley*：*Heroes*），法布尔的《鸟兽故事》（*Fabre*：*Story Book of Birds and Beasts*），安徒生的《童话》（*Andersen*：*Fairy Tales*），骚塞的《纳尔逊传》（*Southey*：*Life of Nelson*），房龙的《人类故事》（*Vanloon*：*The Story of Mankind*）之类。

这些书在国外虽流行，给中国青年读，却不十分相宜。中国学生大半是少年老成，在中学时代就欢喜煞有介事地谈一点学理。他们——你和我自然都在内——不仅欢喜谈谈文学，还要研究社会问题，甚至哲学问题。这既是一种自然倾向，也就不能漠视，我个人的见解也不妨提起和你商量商量。十五六岁以后的教育宜注重发达理解，十五六岁以前的教育宜注重发达想象。所以初中的学生宜多读想象的文字，高中的学生才应该读含有学理的文字。

谈到这里，我还没有答复应读何书的问题。老实说，我没有能力答复，我自己便没读过几本“青年必读书”，老早就读些壮年必读书。比方在中国书里，我最欢喜《国风》《庄子》《楚辞》《史记》《古诗源》《文选》中的书笺，《世说新语》《陶渊明集》《李太白集》《花间集》，张惠言《词选》《红楼梦》等。

在外国书里，我最欢喜济慈（Keats）、雪莱（Shelly）、柯尔律治（Coleridge）、布朗宁（Browning）诸人的诗集，索福克勒斯（Sophocles）的“七悲剧”，莎士比亚的《哈姆雷特》（*Shakespeare*:*Hamlet*）、《李尔王》（*King Lear*）和《奥瑟罗》（*Othello*），歌德的《浮士德》（*Goethe*:*Fasuts*），易卜生（*Ibsen*）的戏剧集，屠格涅夫（*Turgenef*）的《处女地》（*Virgin Soil*）和《父与子》（*Fathers and Children*），陀思妥耶夫斯基的《罪与罚》（*Dostoyevsky*:*Crime and Punishment*），福楼拜的《包法利夫人》（*Flaubert*:*Madame Bovary*），莫泊桑（*Maupassant*）的小说集，小泉八云（*Lafcadio Hearn*）关于日本的著作，等等。

如果我应北平《京报副刊》的征求，也许把这些古董洋货捧上，凑成“青年必读书十种”。但是，我知道这是荒谬绝伦的。所以我现在不敢答复你应读何书的问题。你如果要知道，应该去请教你所知的专门学者，请他们各就自己所学范围以内指定三两种青年可读的书。你如果请一个人替你面面俱到地设想，比方他是学文学的人，他也许明知青年必读书应含有社会问题科学常识等，而自己又没甚把握，姑且将他所知的一两种拉来凑数，你就像问道于盲了。同时，你要知道读书好比探险，也不能全靠别人指导，你自己也须得费些功夫去搜求。我从来没有听见有人按照别人替他定的“青年必读书十种”或“世界名著百种”读下去，便成就一个学者。别人只能介绍，抉择还要靠你自己。

关于读书方法。我不能多说，只有两点须在此约略提起。第一，凡值得读的书至少须读两遍。第一遍须快读，着眼在醒豁全篇大旨与特色。第二遍须慢读。须以批评态度衡量书的内容。第二，读过一本书，须笔记纲要与精彩的地方和你自己的意见。记笔记不仅可以帮助你记忆，而且可以逼得你仔细，刺激你思考。记着这两点，其他琐细方法便用不着说。各人天资习惯不同，你用那种方法收效较大，我用那种方法收效较大，不是一概而论的。你自己终究会找出你自己的方法，别人绝不能给你一个方单，使你可以“依法炮制”。

你嫌这封信太冗长了吧？下次谈别的问题，我当力求简短。再会！

你的朋友孟实

谈读书（二）

朱光潜

十几年前我曾经写过一篇短文谈读书，这问题实在是谈不尽，而且这些年来我的见解也有些变迁，现在再就这问题谈一回，趁便把上次谈学问有未尽的话略加补充。

学问不只是读书，而读书究竟是学问的一个重要途径。因为学问不仅是个人的事而是全人类的事，每科学问到了现在的阶段，是全人类分途努力日积月累所得到的成就，而这成就还没有淹没，全靠有书籍记载方流传下来。书籍是过去人类的精神遗产的宝库，也可以说，是人类文化学术前进轨迹上的记程碑。我们就现阶段的文化学术求前进，必定根据过去人类已得的成就做出发点。如果抹杀过去人类已得的成就，我们说不定要把出发点移回到几百年前甚至几千年前，纵然能前进，也还是“开倒车”落伍。

读书是要清算过去人类成就的总账，把几千年的人类思想经验在短促的几十年内重温一遍，把过去无数亿万人辛苦获来的知识教训集中到读者一个人身上去受用。有了这种准备，一个人总

能在学问途程上作万里长征，去发现新的世界。

历史愈前进，人类的精神遗产愈丰富，书籍愈浩繁，而读书也就愈不易。书籍固然可贵，却也是一种累赘，可以变成研究学问的障碍。它至少有两大流弊。第一，书多易使读者不专精。我国古代学者因书籍难得，皓首穷年才能治一经，书虽读得少，却读一部就是一部，口诵心惟，咀嚼得烂熟，透入身心，变成一种精神的原动力，一生受用不尽。现在书籍易得，一个青年学者就可夸口曾过目万卷，“过目”的虽多，“留心”的却少，譬如饮食，不消化的东西积得愈多，愈易酿成肠胃病，许多浮浅虚骄的习气都由耳食肤受所养成。

其次，书多易使读者迷方向。任何一种学问的书籍现在都可装满一图书馆，其中真正绝对不可不读的基本著作往往不过数十部甚至数部。许多初学者贪多而不务得，在无足轻重的书籍上浪费时间与精力，就不免把基本要籍耽搁了。比如，学哲学者尽管看过无数种的哲学史和哲学概论，却没有看过一种柏拉图的《对话集》；学经济学者尽管读过无数种的教科书，却没有看过亚当·斯密的《原富》。做学问如作战，须攻坚挫锐，占住要塞。目标太多了，掩埋了坚锐所在，只东打一拳，西踏一脚，就成了“消耗战”。

读书并不在多，最重要的是选得精，读得彻底。与其读十部无关轻重的书，不如以读十部书的时间和精力去读一部真正值得读的书；与其十部书都只能泛览一遍，不如取一部书精读十遍。“好书不厌百回读，熟读深思子自知”，这两句诗值得每个读书人悬为座右铭。读书原为自己受用，多读不能算是荣誉，少读也不能算是羞耻。少读如果彻底，必能养成深思熟虑的习惯，涵泳优游，以至于变化气质；多读而不求甚解，则如驰骋十里洋场，虽珍奇满目，徒惹得心花意乱，空手而归。世间许多人读书只为装点门面，如暴发户炫耀家私，以多为贵。这在治学方面是自欺欺人，在做人方面是趣味低劣。

读的书当分种类，一种是为获得现世界公民所必需的常识，一种是为做专门学问。为获常识起见，目前一般中学和大学初年级的课程，如果认真学习，也就很够用。所谓认真学习，熟读讲义课本并不济事，每科必须精选要籍三五种来仔细玩索一番。常识课程总共不过十数种，每种选读要籍三五种，总计应读的书也不过五十部左右。这不能算是过奢的要求。一般读书人读过的书大半不止此数，他们不能得实益，是因为他们没有选择，而阅读时又只潦草滑过。

常识不但是现世界公民所必需，就是专门学者也不能缺少它。近代科学分野严密，治一科学问者多故步自封，以专门为借口，对其他相关学问毫不过问。这对于分工研究或许是必要，对于淹通深造却是牺牲。宇宙本为有机体，其中事理彼此息息相关，牵其一即动其余，所以研究事理的种种学问在表面上虽可分别，在实际上却不能割开。世间绝没有一科孤立绝缘的学问。比如，政治学须牵涉到历史、经济、法律、哲学、心理学以至外交、军事，等等。如果一个人对这些相关学问未曾问津，入手就要专门习政治学，愈前进必愈感困难，如老鼠钻牛角，愈钻愈窄，寻不着出路。

其他学问也大抵如此，不能通就不能专，不能博就不能约。

先博学而后守约，这是治任何学问所必守的程序。我们只看学术史，凡是在某一科学问上有大成就的人，都必定于许多他科学问有深广的基础。目前，我国一般青年学子动辄喜言专门，以至于许多专门学者对极基本的学科毫无常识，这种风气也许是在国外大学做博士论文的先生们所酿成的。它影响到我们的大学课程——许多学系所设的科目“专”到不近情理，在外国大学研究院里也不一定有。这好像逼吃奶的小孩去嚼肉骨，岂不是误人子弟？

有些人读书，全凭自己的兴趣。今天遇到一部有趣的书就把拟做的事丢开，用全副精力去读它；明天遇到另一部有趣的书，仍是如此办，虽然这两本书在性质上毫不相关。一年之中可以时而习天文，时而研究蜜蜂，时而读莎士比亚。在旁人认为重要而自己不感兴味的书都一概置之不理。这种读法有如打游击，亦如蜜蜂采蜜。它的好处在于使读书成为乐事，对于一时兴到的著作可以深入，久而久之，可以养成一种不平凡的思路与胸襟。它的坏处在使读者泛滥而无所归宿，缺乏专门研究所必需的“经院式”的系统训练，产生畸形的发展，对于一方面知识过于重视，对于另一方面知识可以很蒙昧。

我的朋友中有专门读冷僻书籍，对于正经正史从未过问的，他在文学上虽有造就，但不能算是专门学者。如果一个人有时间与精力允许他过享乐主义式的生活，不把读书当作工作而只当作消遣，这种蜜蜂采蜜式的读书法原亦未尝不可采用。但是一个人如果抱有成就一种学问的志愿，他就不能不有预定计划与系统。对于他，读书不仅是追求兴趣，也是一种训练，一种准备。有些有趣的书他须得牺牲，也有些初看很干燥的书他必须咬紧牙关去硬啃，啃久了他自然可以啃出滋味来。

读书必须有一个中心去维持兴趣，或是科目，或是问题。以科目为中心时，就要精选那一科要籍，一部一部地从头读到尾，以求对该科得到一个概括的了解，作进一步作高深研究的准备。读文学作品以作家为中心，读史学作品以时代为中心，也属于这一类。以问题为中心时，心中先须有一个待研究的问题，然后采关于这问题的书籍去读，用意在搜集材料和诸家对这问题的意见，以供自己权衡去取，推求结论。

重要的书仍须全看，其余的这里看一章，那里看一节，得到所要搜集的材料就可以丢手。这是一般做研究工作者常用的方法，对于初学不相宜。不过初学者以科目为中心时，仍可约略采取以问题为中心的微意。一书作几遍看，每一遍只着重某一方面。苏东坡的《与王郎书》曾谈到这个方法：

> 少年为学者，每一书皆作数次读之。当如入海百货皆有，人之精力不能并收尽取，但得其所欲求者耳。故愿学者每一次作一意求之，如欲求古今兴亡治乱圣贤作用，且只作此意求之，勿生余念；又别作一次求事迹文物之类，亦如之。他皆仿此。若学成，八面受敌，与慕涉猎者不可同日而语。

朱子尝劝他的门人采用这个方法。它是精读的一个要诀，可以养成仔细分析的习惯。举看小说为例，第一次但求故事结构，第二次但注意人物描写，第三次但求人物与故事的穿插，以至于对话、辞藻、社会背景、人生态度等都可如此逐次研求。

读书要有中心，有中心才易有系统组织。比如看史书，假定注意的中心是教育与政治的关系，则全书中所有关于这问题的史实都被这中心联系起来，自成一个系统。以后读其他书籍如经子专集之类，自然也常遇着关于政教关系的事实与理论，它们也自然归到从前看史书时所形成的那个系统了。一个人心里可以同时有许多系统中心，如一部字典有许多“部首”一般，每得一条新知识，就会依照物以类聚的原则，汇归到和它的性质相近的系统里，就如拈新字贴进字典里去，是人旁的字都归到人部，是水旁的字都归到水部。大凡零星片断的知识，不但易忘，而且无用。每次所得的新知识必须与旧有的知识联络贯串，这就是说，必须围绕一个中心归聚到一个系统里，才会生根，才会开花结果。

记忆力有它的限度，要把读过的书所形成的知识系统，原本枝叶都放在脑里储藏起，在事实上往往不可能。如果不能储藏，过目即忘，则读亦等于不读。我们必须于脑以外另辟储藏室，把脑储藏不尽的都移到那里。这种储藏室在从前是笔记，在现代是卡片。记笔记和做卡片有如植物学家采集标本，须分门别类订成目录，采得一件就归入某一门某一类，时间过久了，采集的东西虽极多，却各有班位，条理井然。这是一个极合乎科学的办法，它不但可以节省脑力，储有用的材料，供将来的需要，还可以增强思想的条理化与系统化。预备做研究工作的人对记笔记、做卡片的训练，宜早下功夫。

我的苦学经验

丰子恺

我于一九一九年，二十二岁的时候，毕业于杭州的浙江省立第一师范学校。这学校是初级师范。我在故乡的高等小学毕业，考入这学校，在那里肄业五年而毕业。故这学校的程度，相当于现在的中学校，不过是以养成小学教师为目的的。

但我于暑假在这初级师范毕业后，既不做小学教师，也不升学，却就在同年的秋季，来上海创办专门学校，而做专门科的教师了。这种事情，现在我自己回想想也觉得可笑。但当时自有种种的因缘，使我走到这条路上。因缘者何？因为我是偶然入师范学校的，是抱了做小学教师的目的而入师范学校的（关于我的偶然入师范，现在属于题外，不便详述。异日拟另写一文，以供青年们投考的参考）。故我在校中只是埋头攻学，并不注意教育。在四年级的时候，我的兴味忽然集中在图画上了。甚至抛弃其他一切课业而专习图画，或托事请假而到西湖上去作风景写生。所以我在校的前几年，学期考试的成绩屡列第一名，而毕业时已降至第二十名。因此毕业之后，当然无意于做小学教师，而希望发挥自己所热衷的图画。但我的家境不许我升学而专修绘画。

正在踌躇之际，恰好有同校的高等师范图画手工专修科毕业的吴梦非君，和新从日本研究音乐而归国的旧同学刘质平君，计议在上海创办一个养成图画音乐手工教员的学校，名曰专科师范学校。他们正在招求同人。刘君知道我热衷于图画而又无法升学，就来拉我去帮办。我也不自量力，贸然地答允了他。于是我就做了专科师范的创办人之一，而在这学校之中教授西洋画等课了。这当然是很勉强的事。

我所有关于绘画的学识，不过在初级师范时偷闲画了几幅木炭石膏模型写生，又在晚上请校内的先生教些日本文，自己向师范学校的藏书楼中借得一部日本明治年间出版的《正则洋画讲义》，从其中窥得一些陈腐的绘画知识而已。我犹记得，这时候我因为自己只有一点对于石膏模型写生的兴味，故竭力主张"忠实写生"的画法，以为绘画以忠实摹写自然为第一要义。又向学生演说，谓中国画的不忠于写实，为其最大的缺点；自然中含有无穷的美，唯能忠实于自然摹写者，方能发现其美。就拿自己在师范学校时放弃了晚间的自修课而私下在图画教室中费了十七小时而描成的 Venus（维纳斯）头像的木炭画揭示学生，以鼓励他们的忠实写生。当一九二〇年的时代，而我在上海的绘画专门学校中励行这样的画风，现在回想起来，真是闭门造车。然而当时的环境，颇能容纳我这种教法。因为当时中国宣传西洋画的机关绝少，上海只有一所美术专门学校，专科师范是第二个兴起者。当时社会上人士，大半尚未知道西洋画为何物，或以为美女月份牌就是西洋画的代表，或以为香烟牌子就是西洋画的代表。所以在世界上看来我虽然是闭门造车，但在中国之内，我这种教法大可卖野人头呢。

但野人头终于不能常卖，后来我渐渐觉得自己的教法陈腐而有破绽了，因为上海宣传西洋画的机关日渐多起来。从东西洋留学归国的西洋画家也时有所闻了。我又在上海的日本书店内购得了几册美术杂志，从中窥知了一些最近西洋画界的消息，以及日本美术界的盛况，觉得从前在《正则洋画讲义》中所得的西洋画知识，实在太陈腐而狭小了。虽然别的绘画学校并不见有比我更新的教法，归国的美术家也并没有什么发表，但我对自己的信用已渐渐丧失，不敢再在教室中扬眉瞬目而卖野人头了。我懊悔自己冒昧地当了这教师。

我在布置静物写生标本的时候，曾为了一只青皮的橘子而起自伤之念，以为我自己犹似一只半生半熟的橘子，现在带着青皮卖掉，给人家当作习画标本了。我想窥见西洋画的全豹，我也想到东西洋去留学，做了美术家而归国。但是我的境遇不许我留学。况且我这时候已经有了妻子。做教师所得的钱，赡养家庭尚且不够，哪里来留学的钱呢？经过了许久烦恼的日月，终于决定非赴日本不可。我在专科师范中当了一年半的教师，在一九二一年的早春，向我的姊丈周印池君借了四百块钱（这笔钱我才于二三年前还他。我很感谢他第一个惠我的同情），就抛弃了家庭，独自冒险地到东京去了。得去且去，以后的问题以后再说。至少，我用完了这四百块钱而回国，总得看一看东京美术界的状况了。

但到了东京之后，就有许多关切的亲戚朋友，设法接济我的经济。我的岳父给我约了一个一千元的会，按期寄洋钱给我，专科师范的同人吴刘二君，亦各以金钱相遗赠，结果我一共得了约二千块钱，在东京维持了足足十个月的用度，到了同年的冬季，金尽而返国。这一去称为留学嫌太短，称为旅行嫌太长，成了三不像的东西。同时我的生活也是三不像的。我在这十个月内，前五个月是上午到洋画研究会中去习画，下午读日本文。后五个月废止了日本文，而每日下午到音乐研究会中去学提琴，晚上又去学英文。然而各科都常常请假，拿请假的时间来参观展览会，听音乐会，访图书馆，看 opera（歌剧），以及游玩名胜，钻旧书店，跑夜摊（Yomise）。因为这时候我已觉悟了各种学问的深广，我只有区区十个月的求学时间，绝不济事。不如走马看花，吸呼一些东京艺术界的空气而回国吧。幸而我对于日本文，在国内时已约略懂得一点，会话也早已学得了几声。到东京后，旅舍中唤茶、商店中买物等事，勉强能够对付。

我初到东京的时候，随了众同国人入东亚预备学校学习日语，嫌其程度太低，教法太慢，读了几个礼拜就辍学。自己异想天开，为了学习日本语的目的，向一个英语学校的初级班报名，每日去听讲两小时。他们是从 a boy、a dog 教起的，所用的英文教本与开明第一英文读本程度相同。对于英文我已完全懂得，我的目的是要听这位日本先生怎样用日本语来解说我所已懂得的英文，便在这时候偷取日本语会话的诀窍，这异想天开的办法果然成功了。我在那英语学校里听了一个月讲，果然于日语会话及听讲上获得了很多的进步。同时，看书的能力也进步起来。本来我只能看《正则洋画讲义》一类的刻板的叙述体文字，现在连《不如归》和《金色夜叉》（日本旧时很著名的两部小说）都会读了。我的对于文学的兴味，是从这时候开始的。

以后，我就为了学习英语的目的而另入一英语学校。我报名入最高的一班，他们教我读伊尔文的 Sketch Book。这时候我方才知道英文中有这许多难记的生字（我在师范学校毕业时只读到《天方夜谭》）。兴味一浓，我便嫌先生教得太慢。后来在旧书店里找到了一册 Sketch Book 讲义录，内有详细的注解和日译文，我确信这可以自修，便辍了学，每晚伏在东京的旅舍中自修 Sketch Book。我自己限定于几个礼拜之内把此书中所有一切生字抄写在一张图画纸上，把每字剪成一块块的纸牌，放在一只匣子中。每天晚上，像摸数算命一般地向匣子中探摸纸牌，温习生字。不久生字都记诵，Sketch Book 全部会读，读起别的英语小说来也很自由了。路上遇见英语学校的同学，询知道他们只教了全书的几分之一，我心中觉得非常得意。从此我对于学问相信用机械的方法而下苦功。

知识这样东西，要其能够于应用，分量原是有限的。我们要获得一种知识，可以先定一个范围，立一个预算，每日学习若干，则若干日可以学毕，然后每日切实地实行，非大故不准间断，如同吃饭一样。照我当时的求学的勇气预算起来，要得各种学问都不难：东西洋知名的几册文学大作品，我可以克日读完；德文、法文等，我都可以依赖各种自修书而在最短时期内学得读书的能力；提琴教则本 *Homabmn*（《霍曼》）五册，我能每日练习四小时而在一年之内学毕；除绘画不能硬要进步以外，其余的学问，在我都可以用机械的用功方法来探求其门径。然而，这都是梦想，我的正式求学的时间只有十个月，能学得几许的学问呢？

我回国之后，回想在东京所得的，只是描了十个月的木炭画，拉完了三本*Homabmn*，此外又带了一些读日本文和读英文的能力而回国。回国之后，我为了生活和还债，非操职业不可。没有别的职业可操，只得仍旧做教师。一直做到了今年的秋季。十年来我不断地在各处的学校中做图画音乐或艺术理论的教师。一场重大的伤寒病令我停止了教师的生活。现在蛰居嘉兴的穷巷老屋中，伴着了药炉茶灶而写这篇稿子。

故我出了中学以后，正式求学的时期只有可怜的十个月。此后都是非正式的求学，即在教课的余暇读几册书而已。我的绘画音乐的技术，从此日渐荒废了。因为技术不比别的学问，需要种种设备，又需要每日不断地练习。研究绘画须有画室，研究音乐须有乐器，设备不周就无从用功。停止了几天，笔法就生疏，手指就僵硬。做教师的人，居处无定，时间也无定，教课准备又忙碌，虽有利用课余以研究艺术的梦想，但每每不能实行。日久荒废更甚。我的油画箱和提琴，久已高搁在书橱的最高层，其上积着寸多厚的灰尘了。手痒的时候，拿毛笔在废纸上涂抹，偶然成了那种漫画。口痒的时候，在口琴上吹奏简单的旋律，令家里的孩子们和着了唱歌，聊以慰藉我对于音乐的嗜好。世间与我境遇相似而酷嗜艺术的青年们，听了我的自述，恐要寒心吧！

但我幸而还有一种可以自慰的事，这便是读书。我的正式求学的十个月，给了我一些阅读外国文的能力。读书不像研究绘画音乐需要设备，也不像研究绘画音乐需要每日不断练习。只要有钱买书，空的时候便可阅读。我因此得在十年的、非正式求学期中读了几册关于绘画、音乐艺术等的书籍，知道了世间的一些事。我在教课的时候，常把自己读过的书译述出来，给学生们做讲义。后来有朋友开书店，我乘机把这些讲义稿子交他刊印为书籍，不期地走到了译著的一条路上。现在我还是以读书和译著为生活。回顾我的正式求学时代，初级师范的五年只给我一个学业的基础，东京的十个月间的绘画音乐的技术练习已付诸东流。独有非正式求学时代的读书，十年来一直随伴着我，慰藉我的寂寥，扶持我的生活。这真是以前所梦想不到的偶然的结果。我的一生都是偶然的，然入师范学校，偶然欢喜绘画音乐，偶然读书，偶然译著，此后正不知还要逢到何种偶然的机缘呢。

读我这篇自述的青年诸君！你们也许以为我的读书生活是幸运而快乐的；其实不然，我的读书是很苦的。你们都是正式求学，正式求学可以堂堂皇皇地读书，这才是幸运而快乐的。但我是非正式求学，我只能伺候教课的余暇而偷偷隐隐地读书。做教师的人，上课的时候当然不能读书，开议会的时候不能读书，监督自修的时候也不能读书，学生课外来问难的时候又不能读书，要预备明天的教授的时候还不能读书。担任了它一小时的功课，便是这学校的先生，便有参加议会、监督自修、解答问难、预备教授的义务；不复为自由的身体，不能随了读书的兴味而读书了。我们读书常被教务所打断，常为教务所分心，绝不能像正式求学的诸君的专一。所以我的读书，不得不用机械的方法而下苦功，我的用功都是硬做的。

我在学校中，每每看见用功的青年们，闲坐在校园的青草地上，或桃花树下，伴着了蜂蜂蝶蝶、燕燕莺莺，手执一卷而用功。我羡慕他们，真像潇洒的林下之士！又有用功的青年们，拥着绵被高枕而卧在寝室里的眠床中，手执一卷而用功。我也羡慕他们，真像耽书的大学问家！有时我走近他们去，借问他们所读为何书，原来是英文数学或史地理化，他们是在预备明天的考试。这使我更羡慕煞了。他们能用这样轻快闲适的态度而研究这类知识科学的书，岂真有所谓“过目不忘”的神力吗？要是我读这种书，我非吃苦不可。我须得埋头在案上，行种种机械的方法而用笨功，以硬求记诵。诸君倘要听我的笨话，我愿把我的笨法子一一说给你们听。

在我，只有诗歌、小说、文艺，可以闲坐在草上花下或偃卧在眠床中阅读。要我读外国语或知识学科的，我必须用笨功。请就这两种分述之。

第一，我以为要通一国的国语，须学得三种要素，即构成其国语的材料、方法，以及其语言的腔调。材料就是“单语”，方法就是“文法”，腔调就是“会话”。我要学得这三种要素，都非行机械的方法而用笨功不可。

“单语”是一国语的根底。任凭你有何等的聪明力，不记单语绝不能读外国文的书，学生们对于学科要求伴着趣味，但谙记生字极少有趣味可伴，只得劳你费点心了。我的笨法子即如前所述，要读 Sketch Book，先把 Sketch Book 中所有的生字写成纸牌，放在匣中，每天摸出来记诵一遍。记牢了的纸牌放在一边，记不牢的纸牌放在另一边，以便明天再记。每天温习已经记牢的字，勿使忘记。等到全部记诵了，然后读书，那时候便觉得痛快流畅。其趣味颇足以抵偿摸纸牌时的辛苦。我想熟读英文字典，曾统计字典上的字数，预算每天记诵二十个字，若干时日可以记完。但终于未曾实行。倘能假我数年正式求学的日月，我一定已经实行这计划了。因为我仔细考虑过，要自由阅读一切的英语书籍，只有熟读字典是最根本的善法。后来我向日本购买一册《和英根底一万语》，假如其中一半是我所已知的，则每天记二十个字，不到一年就可记完，但这计划实行之后，终于半途而废。阻碍我的实行的，都是教课。记诵《和英根底一万语》的计划，现在我还保留在心中，等候实行的机会呢。

我的学习日本语，也是用机械的硬记法。在师范学校时，就在晚上请校中的先生教日语。后来我买了一厚册的《日语完璧》，把后面所附的分类单语，用前述的方法一一记诵。当时只是硬记，不能应用，且发音也不正确；后来我到了日本，从日本人的口中听到我以前所硬记的单语，实证之后，我脑际的印象便特别鲜明，不易忘记。这时候的愉快也很可以抵偿我在国内硬记时的辛苦。这种愉快使我甘心消受硬记的辛苦，又使我始终确信硬记单语是学外国语的最根本的善法。

关于学习“文法”，我也用机械的笨法子。我不读文法教科书，我的机械的方法是“对读”。例如，拿一册英文圣书和一册中文圣书并列在案头，一句一句地对读。积起经验来，便可实际理解英语的构造和各种词句的腔调。圣书之外，他种英文名著和名译，我亦常拿来对读。日本有种种英和对译丛书，左页是英文，右页是日译，下方附以注解。我曾从这种丛书得到不少的便利。文法原是本于论理的，只要论理的观念明白，便不学文法，不分 noun 与 verb 亦可以读通英文。但对读的态度当然是要非常认真。需要一句一字地对勘，不解的地方不可轻轻通过，必须明白了全句的组织，然后前进。我相信认真地对读几部名作，其功效足可抵得学校中数年英文教科——这也可说是无福享受正式求学的人的自慰的话，能入学校中受先生教导，当然比自修更为幸福。

我也知道入学是幸福的，但我真犯贱，嫌它过于幸福了。自己不费钻研而袖手听讲，由先生拖长了时日而慢慢地教去，幸福固然幸福了，但求学心切的人怎能耐烦呢？求学的兴味怎能不被打断呢？学一种外国语要拖长许久的时日，我们的人生几回可供拖长呢？语言文字，不过是求学问的一种工具，不是学问的本身。学些工具都要拖长许久的时日，此生还来得及研究几许学问呢？拖长了时日而学外国语，真是俗语所谓“拉得被头直，天亮了!”我固然无福消受入校正式求学的幸福；但因了这个理由，我也不愿消受这种幸福，而宁愿独自来用笨功。

关于“会话”，即关于言语的腔调的学习，我又喜用笨法子。学外国语必须通会话。与外国人对晤当然须通会话，但自己读书也非通会话不可。因为不通会话，不能体会语言的腔调；腔调是语言的神情所寄托的地方，不能体会腔调，便不能彻底理解诗歌、小说、戏剧等文学作品的精神。故学外国语必须通会话。能与外国人共处，当然最便于学会话。但我不幸而没有这种机会，我未曾到过西洋，我又是未到东京时先在国内自学会话的。我的学习会话，也用笨法子，其法就是“熟读”。我选定了一册良好而完全的会话书，每日熟读一课，克期读完。熟读的方法更笨，说来也许要惹人笑。我每天自己上一课新书，规定读十遍。计算遍数，用选举开票的方法，每读一遍，用铅笔在书的下端画一笔，便凑成一个字。不过所凑成的不是选举开票用的“正”字，而是一个“读”（讀）字。

例如，第一天读第一课，读十遍，每读一遍画一笔，便在第一课下面画了一个“言”字旁和一个“士”字头。第二天读第二课，亦读十遍，亦在第二课下面画一个“言”字和一个“士”字，继续把昨天所读的第一课温习五遍，即在第一课的下面加了一个“四”字。第三天在第三课下画一“言”字和一“士”字，继续温习昨日的第二课，在第二课下面加一“四”字，又继续温习前日的第一课，在第一课下面再加一个“目”字。第四天在第四课下面画一“言”字和一“士”字，继续在第三课下加一“四”字，第二课下加一“目”字，第一课下加一“八”字，到了第四天而第一课下面的“读”字方始完成。这样下去，每课下面的“读”字逐一完成。“读”字共有二十二笔（此处指繁体字“讀”，编者注），故每课共读二十二遍，即生书读十遍，第二天温五遍，第三天又温五遍，第四天再温二遍。故我的旧书中，都有铅笔画成的“读”字，每课下面有了一个完全的“读”字，即表示已经熟读了。

这办法有些好处：分四天温习，屡次反复，容易读熟。我完全信托这机械的方法，每天像和尚念经一般地笨读。但如法读下去，前面的各课自会逐渐地从我的唇间背诵出来，这在我又感得一种愉快，这愉快也足可抵偿笨读的辛苦，使我始终好笨而不迁。会话熟读的效果，我于英语尚未得到实证的机会，但于日本语我已经实证了。我在国内时只是笨读，虽然发音和语调都不正确，但会话的资料已经完备了。故一听到日本人的说，就不难就自己已有的资料而改正其发音和语调，比较到了日本而从头学起来的，进步快速得多。

不但会话，我又常从对读的名著中选择几篇自己所最爱读的短文，把它分为数段，而用前述的笨法子按日熟读。例如，Stevenson（《金银岛》的作者，英国作家罗伯特·路易斯·史蒂文森）和夏目漱石的作品，是我所最喜熟读的材料。我的对于外国语的理解和对于文学作品的理解，都因了这熟读的方法而增进一些。这益使我始终好笨而不迁了——以上是我对于外国语的学习法。

第二，对于知识学科的书的读法，我也有一种见地：知识学科的书，其目的主要在于事实的报告；我们读史地理化等书，亦无非欲知道事实。凡一种事实，必有一个系统。分门别类，原原本本，然后成为一册知识学科的书。读这种书的第一要点，是把握其事实的系统。即读者也须原原本本地谙记其事实的系统，却不可从局部着手。例如研究地理，必须原原本本地求世界共分几大洲，每大洲有几国，每国有何种山川形胜等。则读毕之后，你的头脑中就摄取了地理的全部学问的梗概，虽然未曾详知各国各地的细情，但地理是怎样一种学问，我们已经知道了。

反之，若不从大处着眼，而孜孜从事于局部的记忆，即使你能背诵喜马拉雅山高几尺，尼罗河长几里，也只算一种零星的知识，却不是研究地理。故把握系统，是读知识学科的书籍的第一要点。头脑清楚而记忆力强大的人，凡读一书，能处处注意其系统，而在自己的头脑中分门别类，作成井然的条理；虽未看到书中详叙细事的地方，亦能知道这详叙位在全系统中哪一门哪一类哪一条之下，及其在全部中重要程度如何。这仿佛在读者的头脑中画出全书的一览表，我认为这是知识书籍的最良的读法。

但我的头脑没有这样清楚，我的记忆力没有这样强大。我的头脑中地位狭窄，画不起一览表来。倘教我闲坐在草上花下或偃卧在眠床中而读知识学科的书，我读到后面便忘记前面。终于弄得条理不分，心烦意乱，而读书的趣味完全灭杀了。所以我又不得不用笨法子。我可用一本 notebook 来代替我的头脑，在 notebook 中画出全书的一览表。所以我读书非常吃苦，我必须准备了 notebook 和笔，埋头在案上阅读。读到纲领的地方，就在 notebook 上列表，读到重要的地方，就在 notebook 上摘要。读到后面，又须时时翻阅前面的摘记，以明此章此节在全体中的位置。读完之后，我便抛开书籍，把 notebook 上的一览表温习数次。再从这一览表中摘要，而在自己的头脑中画出一个极简单的一览表。于是，这部书总算读过了。

我凡读知识学科的书，必须用 notebook 摘录其内容的一览表。所以十年以来，积了许多的 notebook，经过几次迁居损失之后，现在的废书架上还留剩着半尺多高的一堆 notebook 呢。

我没有正式求学的福分，我所知道于世间的一些事，都是从自己读书而得来的；而我的读书，都须用上述的机械的笨法子。所以看见闲坐在青草地上，桃花树下，伴着了蜂蜂蝶蝶、燕燕莺莺而读英文、数学教科书的青年学生，或拥着绵被高枕而卧在眠床中读史地理化教科书的青年学生，我羡慕得真要怀疑！

谈谈怎样读书

王　力

首先谈读什么书。

中国的书是很多的，光古书也浩如烟海，一辈子也读不完，所以读书要有选择。清末张之洞写了一本书叫《书目答问》，是为他的学生写的，他的学生等于我们现在的研究生。他说，写这本书有三个目的：第一个目的是给这些学生指出一个门径，从何入手；第二个目的是要他们能选择良莠，即好不好，好的书才念，不好的书不念；第三个目的是分门别类，再加些注解，以帮助学生念书。从《书目答问》看，读书就有个选择的问题，好书才读，不好的就不用读。他开的书单子是很长的，我们今天要求大家把他提到的书都读过也不可能，今天读书恐怕要比《书目答问》提出的书少得多，我们没有那么多时间，因此，选择书很重要。

到底读什么不读什么？拿汉语史来说，所有有关汉语史的书都读，那也够多了，也不可能。而且如果是一本坏书，或者是没有用处的书，那就是浪费时间，不只是浪费时间，有时还接受些错误的东西，所以选择书很重要，如对搞汉语史的来说，倘若一本书是专门研究六书的，或者专门研究什么叫转注的，像这样的书就不必读，因为对研究汉语史没什么帮助。读书要有选择，这是第一点，可以叫去粗取精。

第二点，叫由博返约。对于由博返约，现在大家不很注意，所以要讲一讲。我们研究一门学问，不能说限定在那一门学问里的书我才念，别的书我不念。你如果不读别的书，只陷入你搞的那一门的书里边，这是很不足取的，一定念不好，因为你的知识面太窄了，碰到别的问题你就不懂了。过去有个坏习惯，研究生只是选个题目，这题目也相当"尖"，但只写论文了，别的书都没念，将来做学问就有很大的局限性，如果将来做老师，那就更不好了。作为汉语史的研究生，除了关于汉语史的一些书要读，还有很多别的书也要读，首先是历史，其次是文学，多啦，还是应该从博到专，即所谓由博返约。

第三点，要厚今薄古。这是什么意思呢？这是因为前人的书，如果有好的，现代人已经研究，并加以总结加以发挥了。我们念今人的书，古人的书也包括在里边了。如果这书质量不高，没什么价值，那就大可不念。《书目答问》中就曾提到这一点，他说他选的大多是清朝的书，有些古书，也是清朝人整理并加注解的，比如经书，十三经，也是经清朝人整理并加注解的。从前，好的书，经清朝人整理就行了，不好的书，清朝人就不管它了。他的意思，也就是我刚才说的那个意思。他的话可适用于现在，并不需要把很多古书读完，那也做不到。

其次谈怎样读书。首先应读书的序例——序文和凡例。过去我们有个坏习惯，以为看正文就行了，序例可以不看。其实序例里有很多好东西。序例常常讲到写书的纲领、目的，替别人作序的，还会讲书的优点。凡例是作者认为应该注意的地方。这些都很好，而我们常常忽略。比如，《说文》的序是在最后的，我建议你们念《说文段注》把序提到前面来念。《说文序》，段玉裁也加了注，更应该念。《说文段注》有王念孙的序，很重要。主要讲《说文段注》之所以写得好，是因为他讲究音韵，掌握了古音，能从音到义。王念孙的序把段注整部书的优点都讲了。

再如，《马氏文通》的序和凡例也是很好的东西，序里边有句话："会集众字以成文，其道理终不变。"意思是说许多单词集合起来就成文章了，它的道理永远不变。他上面讲到了字形常有变化，字音也常有变化，只有语法自始至终是一样的。当然他这话并不全面，语法也是会有变化的，但他讲了一个道理，即语法的稳定性。我们的语法自古至今变化不大，比起语音的变化差得远，语法有它的稳定性。另外，序里还有一句话："字之部分类别，与夫字与字相配成句之义。"这句意思是说研究语法，首先要分词类，然后是这些词跟词怎么搭配成为句子。语法就是讲这个东西，这句话把语法的定义下了，这定义至少对汉语是适用的。

《马氏文通》的凡例更重要，里边说，《孟子》的两句话"亲之欲其贵也，爱之欲其富也"，"之"是"他"的意思，"其"也是"他"的意思，为什么不能互换呢？又如《论语》里有两句话："爱之能勿劳乎？忠焉能勿诲乎？"两句格式很相像，为什么一句用"之"，一句用"焉"？《论语》里有两句话："俎豆之事，则尝闻之矣；军旅之事，则未之学也。”这两句话也差不多，为什么一句用“矣”，一句用“也”呢？这你就非懂语法不可。不懂，这句话就不能解释。从前人念书，都不懂这些，谁也不知道提出这个问题来，更不知怎么解答了。

这些问题从语法上很好解释，根据马氏的说法，参照我的意见，可以这样解释，“亲之欲其贵也……”为什么“之、其”不能互换？因为“之”只能用作宾语，“其”相反，不能用作宾语。“之、其”的任务是区别开的，所以不能互换。“爱之能勿劳乎？忠焉能勿诲乎？”为什么“爱之”用“之”，“忠焉”用“焉”？因为“爱”是及物动词，“忠”是不及物动词，“爱”及物，用“之”，“之”是直接宾语；“忠”不及物，只能用“焉”，因为“焉”是间接宾语。再有，“俎豆之事，则尝闻之矣；军旅之事，则未之学也”，“矣”是表示既成事实，事情已完成；“未之学也”，是说这事没完成，没这事，所以不能用“矣”，只能用“也”。凡没完成的事，只能用“也”，不能用“矣”。从语法上讲，很清楚。不懂语法，古汉语无从解释。他这样一个凡例有什么好处呢？说明了人们为什么要学语法，他为什么要写一本语法书。不单是《说文段注》和《马氏文通》这两部书，别的书也一样，看书必须十分注意序文和凡例。

其次，要摘要做笔记。读书要不要写笔记？应该要的。现在人们喜欢在书的旁边圈点，表示重要。这个好，但是还不够，最好把重要的地方抄下来。这有什么好处呢？张之洞《书目答问》中有一句话很重要，他说：“读书不知要领，劳而无功。”一本书，什么地方重要，什么地方不重要，你看不出来，那就劳而无功，你白念了。现在有的人念书能把有用的东西吸收进去，有的人并没有吸收进去，看了就看了，都忘了。为什么？因为他只知道看，不知道什么地方是好的，什么地方是最重要的、精彩的，即张之洞所谓要领，他不知道，这个书就白念了。有些人就知道死记硬背，背得很多，背下来有没有用处呢？还是没有用处。这叫劳而无功。有些人并不死记硬背，有些地方甚至马马虎虎就看过去了，但念到重要的地方他就一点不放过，把它记下来。所以读书要摘要做笔记。

第三点，应考虑试着做眉批，在书的天头上加自己的评论。看一本书如果自己一点意见都没有，可以说，你没有好好看，你好好看的时候，总会有些意见的。所以最好在书眉，又叫天头，即在书上边空的地方做些眉批。试试看，我觉得这本书什么地方好，什么地方不合适，都可以加上评论。

昨天我看从前我念过的那本《马氏文通》，看到上边都写有眉批。那时我才 26 岁，也是在清华读研究生。我在某一点不同意书上的意见，有我自己的看法，就都写在上边了。今天拿来看，拿五十年前批的来看，有些批的是对的，有些批错了，但没有关系，因为这经过了自己的考虑。批人家，你自己就得用一番心思，这样，对那本书的印象就特别深。自己做眉批，可以帮你读书，帮你把书的内容吸收进去。也可以用另外的办法，把记笔记和书评结合在一起，把书评写在笔记里边，这样很方便。笔记本一方面把重要的记下来，另一方面，某些地方我不同意书里的讲法，不管是《马氏文通》还是《说文段注》，我不同意他的，可表示我的意思，把笔记和眉批并为一个东西。

另外，要写读书报告。如果你做了笔记，又做了眉批以后，读书报告就很好写了。最近看了一篇文章，一篇很好的读书报告，就是赵振铎的《读〈广雅疏证〉》，可以向他学习。《广雅疏证》没有凡例，他给它定了凡例，疏证是怎么写的，有什么优点，他都讲到了。像这样写个读书报告就很好，好的读书报告简直就是一篇好的学术论文。

谈谈小品文

王　力

一

小品文是散文之一种。简单地说，小品文是篇幅短小、形式活泼、内容多样化的一种杂文。“小品”这个名词，晋代就有了的，但当时所谓小品，指的是佛经的简本；直到晚明时代，才有所谓小品文。现代小品文又和晚明小品文不同。现代小品文受西洋 essay（随笔）的影响很深，往往令人有幽默感。一方面强调要写出作者的个性，另一方面强调要描写社会生活的各个方面。宇宙之大，苍蝇之微，无一不可以写。要用平易的语言讲出高深的哲理。这就和晚明公安、竟陵的小品太不相同了。

关于小品文，鲁迅有很好的评论。他在《小品文的危机》一文中，把古代的小品文比作士大夫家里的小摆设，把现代的小品文比作匕首和投枪。这样，他就把小品文提高到革命文学的地位。鲁迅的杂文，有许多篇可以认为是革命的小品文，他凭着这匕首和投枪，和社会恶势力进行殊死的搏斗。我们学习小品文，就是要向鲁迅先生学习。

二

小品文大约有下列一些特点：

第一，好的小品文常常是幽默的。幽默并不是滑稽。滑稽只是逗笑，而幽默是让你笑了以后想出许多道理来。“幽默”的正确含义是用严肃的态度来逗笑，好的小品文要做到你笑我不笑。英国幽默大师斯威夫特（Swift，1667—1745）的《格列佛旅游记》，林纾译名为《海外轩渠录》，“轩渠”是笑的意思，表面看起来是一大堆笑料，实际上是对英国社会入木三分的辛辣讽刺。我在我的《龙虫并雕斋琐语》的代序上说：“世间尽有描红式的标语和双簧式的口号，也尽有血泪写成的软性文章。潇湘馆的鹦鹉虽会唱两句葬花诗，毕竟它的伤心是假的；反倒是‘满纸荒唐言’的文章，如果遇着了明眼人，还可以看出‘一把辛酸泪’来！”其实，中国古代所谓滑稽，也是幽默的意思。司马迁在《史记·滑稽列传》序上说：“谈言微中，亦可以解纷。”我希望在社会主义社会中，多生几个当代东方朔。

第二，好的小品文要做到言浅意深，言近旨远。言浅，因为讲的往往是日常生活琐事，人人看得懂；意深，因为其中包含着哲理，只有聪明人看了才发出会心的微笑。言近，因为讲的往往是眼前的事物；旨远，因为从这一件小事可以类推引申出许多大道理来。徐文长说：“云隐蛟龙，得其一鳞一甲，正是可思，不必现其全身。”这是小品文的秘诀。小品文的作者，要用画家尺幅千里、意到笔不到的手法去描写社会生活。我们主张含蓄，并不是说文章短了就好；如果言浅而意不深，言近而旨不远，也就味同嚼蜡。我们要让读者如嚼橄榄，嚼过后还有一种甜滋滋的回味，这才是小品文的上乘。

第三，辱骂和恐吓绝不是战斗。即使是对敌人，小品文也只能是冷嘲热讽，而不是肆意谩骂。鲁迅说得好：必须止于嘲笑，止于热骂，而且要嬉笑怒骂皆成文章，使敌人因此受了伤或致死，而自己并无卑劣的行为，观者也不以为污秽，这才是战斗的作者的本领。

三

古今小品文都讲究情趣，没有情趣不能成为好的小品文。但是情趣不等于低级趣味。相声艺术在某种程度上近似小品文，好的相声演员就是当代的优孟，他们演出的相声可以移风易俗，有助于精神文明的宣传。近来低级趣味渐渐侵入相声，有些相声只有言浅，没有意深；只有滑稽，没有幽默，全是低级趣味。低级趣味的作品只能逗笑，不能耐人寻味。某些作品的趣味低级到那种程度，甚至不能逗笑，听众昏昏欲睡。这种情况在现代小品文中也是有的。我自己写的小品文，有时也不免陷入低级趣味。

要医治低级趣味，必须提高自己的文学修养。谁也不愿意写出低级趣味的文章，问题在于不知道什么是低级，什么是庸俗。我们不但要研究中国文学，而且要研究外国文学。上面说过，现代小品文受西洋 essay（随笔）的影响很深。不研究西洋文学，不容易把小品文写好。在小品文中，辞藻的运用也是重要的。要学习古人的辞藻，也要学习外国的辞藻。当然，我不是提倡堆砌辞藻。明白如话是主要的，适当地运用辞藻是次要的。小品文要有书卷气，要使读者感觉到你是博览群书的人。书卷气是医治低级趣味的良方。诗讲究意境，小品文也讲究意境，要把小品文写成一首意境高超的散文诗。

写小品文要有丰富的生活和敏锐的观察，既然小品文是从各个方面描写社会生活的，小品文的作者要有丰富的生活，这是不言而喻的。但是，更重要的是作者要有敏锐的观察力，否则不能发现社会生活的隐秘，把它揭露出来。要做到“人人心中所有，人人笔下所无”。人家看了你的文章都说：“这种生活经历我也有，但是我写不出。看了你的文章以后，你的话在我的心中起了共鸣，你是先得我心，是说到我的心坎上去了！”这样，你的小品文才取得积极的效果。

小品文要有个性，个性表现出来就是你的文章风格。在表现风格的同时，常常流露出你的人生观。这些地方最能显出你的文章的感染力。感染力的好坏，决定了你的作品的社会效果。因此，小品文的最高要求，是作者高尚人生观的树立。

论散文

梁实秋

“散文”的对峙的名词，严格地讲，应该是“韵文”，而不是“诗”。“诗”时常可以用各种媒介物表现出来，各种艺术里都可以含着诗，所以有人说过，“图画就是无音的诗”，“建筑就是冻凝的诗”。在图画建筑里面都有诗的位置，在同样以文字为媒介的散文里更不消说了。柏拉图的对话，是散文，但是有的地方也就是诗；陶渊明的《桃花源记》是散文，但是整篇的也就是一首诗。同时号称为诗的，也许里面的材料仍是散文。所以诗和散文在形式上划不出一条分明的界限，倒是散文和韵文可以成为两个适当的区别。这个区别的所在，便是形式上的不同：散文没有准定的节奏，而韵文有规则的音律。

散文与我们人生的关系，较比韵文更为密切。至少我们要承认，我们天天所说的话都是散文。不过，会说话的人不能就成为一个散文家。散文也有散文的艺术。

一切的散文都是一种翻译。把我们的思想、情绪、想象译成语言文字。古人说，言为心声，其实文也是心声。头脑笨的人，说出话来是蠢，写成散文也是拙劣；富有感情的人，说话固然沉挚，写成散文必定情致缠绵；思路清晰的人，说话自然有条不紊，写成散文更能澄清彻底。由此可以类推。散文是没有一定的格式的，是最自由的，同时是最不容易处置的，因为一个人的人格思想，在散文里绝无隐饰的可能，提起笔来便把作者整个的性格纤毫毕现地表示出来。

在韵文里，格式是一定的，韵法也是有准则的，无论你有没有什么高深的诗意，只消按照规律填凑起来，平平仄仄一东二冬地敷衍上去，看的时候行列整齐，读的时候声调铿锵，至少在外表上较比容易遮丑。散文便不然，有一个人便有一种散文。喀赖尔（Carlyle）翻译来辛（莱辛，18 世纪德国启蒙运动时期最重要的作家和文艺理论家之一，代表作有《拉奥孔》《汉堡剧评》等。编者注）的作品的时候说："每人有他自己的文调，就如同他自己的鼻子一般。"布丰（Buffon，布封，18 世纪法国博物学家、作家，代表作为《自然史》。编者注）说："文调就是那个人。"

文调的美纯粹是作者性格的流露，所以有一种不可形容的妙处：或如奔涛澎湃，能令人惊心动魄；或是委婉流利，有飘逸之致；或是简练雅洁，如斩钉断铁……总之，散文的妙处真可说是气象万千，变化无穷。我们读者只有赞叹的份儿，竟说不出其奥妙之所以然。批评家哈立孙（Frederick Harrison）说："试读服尔德（今译伏尔泰）、狄孚（今译笛福）、绥夫特（今译斯威夫特）、高尔斯密，你便可以明白，文字可以做到这样奥妙绝伦的地步，而你并不一定能找出动人的妙处究竟是哪一种特质。你若是要检出这一个辞句好，那一个辞句妙，这个或那个字的音乐好听，使你觉得是雄辩的、抒情的，图画的，那么美妙便立刻就消失了……”譬如《左传》的文字好，好在哪里？司马迁的文笔妙，妙在哪里？这真是很难解说的。

凡是艺术都是人为的。散文的文调虽是作者内心的流露，其美妙虽是不可捉摸，而散文的艺术仍是作家所不可少的。散文的艺术便是作者的自觉的选择。弗老贝尔（Flaubert）是散文的大家，他选择字句的时候是何等地用心！他认定只有一个名词能够代表他心中的一件事物，只有一个形容词能够描写他心中的一种特色，只有一个动词能表示他心中的一个动作。在万千的辞字之中他要去寻求那一个——只有那一个——合适的字，绝无一字的敷衍将就。他的一篇文字是经过这样苦痛的步骤写成的，所以才能有纯洁无疵的功效。平常人的语言文字只求其能达，艺术的散文要求其能真实——对于作者心中的意念真实。弗老贝尔特别致力于字句的推敲，也不过是要把自己的意念确切地表示出来罢了。至于字的声音，句的长短，都是艺术上所不可忽略的问题。譬如仄声的字容易表示悲苦的情绪，响亮的声音容易显出欢乐的神情，长的句子表示温和弛缓，短的句子代表强硬急迫的态度，在修辞学的范围以内，有许多的地方是散文的艺术家所应当注意的。

散文的美妙多端，然而最高的理想也不过是“简单”二字而已。简单就是经过选择删芟以后的完美的状态。普通一般的散文，在艺术上的毛病，大概全是与这个简单的理想相反的现象。散文的毛病最常犯的无过于下面几种：①太多枝节；②太繁冗；③太生硬；④太粗陋。枝节多了，文章的线索便不清楚，读者要很用力地追寻文章的旨趣，结果是得不到一个单纯的印象。太繁冗，则读者易于生厌，并且在琐碎处致力太过，主要的意思反倒不能直诉于读者。太生硬，则无趣味，不能引人入胜。太粗陋则令人易生反感，令人不愿卒读，并且也失掉纯洁的精神。

散文的艺术中之最根本的原则，就是“割爱”。一句有趣的俏皮话，若与题旨无关，只得割爱；一段题外的枝节，与全文不生密切关系，也只得割爱；一个美丽的典故，一个漂亮的字眼，凡是与原意不甚洽合者，都要割爱。散文的美，不在乎你能写出多少旁征博引的故事穿插，亦不在多少典丽的词句，而在能把心中的情思干干净净直截了当地表现出来。散文的美，美在适当。不肯割爱的人，在文章的大体上是要失败的。

散文的文调应该是活泼的，而不是堆砌的——应该是像一泓流水那样地活泼流动。要免除堆砌的毛病，相当地自然是必须要保持的。用字用典要求其美，但是要忌其僻。文字要装潢，而这种装潢要成为有生机的整体之一部，不要成为从外面粘上去的附属品。散文若能保持相当的自然，也必能显示作者个人的心情。散文要写得亲切，即是要写得自然。希腊的批评家戴奥尼索斯批评柏拉图的文调说：

当他用浅显简单的词句的时候，他的文调是很令人欢喜的。因为他的文调可以处处看出是光明透亮，好像是最晶莹的泉水一般，并且特别地确切深妙。他只用平常的字，务求明白，不喜欢勉强粉饰的装点。他的古典的文字带着一种古老的斑斓，古香古色充满字里行间，显着一种欢畅的神情，美而有力，好像一阵和风从芬芳的草茵上吹嘘过来一般……

简单的散文可以美到这个地步。戴奥尼索斯称赞柏拉图的话，其实就是他的散文学说，他是标榜“亚典主义”反对“亚细亚主义”的。亚典主义的散文，就是简单的散文。散文绝不仅是历史哲学及一般学识上的工具。在英国文学里，“感情的散文”（impassioned prose）虽然是很晚产生的一个型类，而在希腊时代我们该记得那个“高超的朗吉诺斯”（The Sublime Longinus）。这一位古远的批评家说过，散文的功效不仅是诉于理性，对于读者也是要以情移。感情的渗入与文调的雅洁，据他说，便是文学的高超性的来由。

不过感情的渗入，一方面固然可以救散文生硬冷酷之弊，另一方面足以启出恣肆粗陋的缺点。怎样才能得到文学的高超性，这完全要看在文调上有没有艺术的纪律。先有高超的思想，然后再配上高超的文调，才是完美。有上帝开天辟地的创造，又有《圣经》那样庄严简练的文字，所以我们才有空前绝后的圣经文学。

高超的文调，一方面是挟着感情的魔力，另一方面是要避免卑陋的语气和粗俗的词句。近来写散文的人，不知是过分地要求自然，还是过分地忽略艺术，常常地沦于粗陋之一途，无论写的是什么样的题目，类皆出之以嬉笑怒骂，引车卖浆者流的语气和村妇骂街的口吻，都成为散文的正则。像这样恣肆的文字，里面有的是感情，但是文调，没有！

文学里的“幽默”

梁实秋

我们常在文字言谈中间遇见“幽默”二字，幽默到底是什么东西？据说，想寻求幽默的定义的人，就是缺乏幽默。大概幽默是不容有定义的，此其所以为幽默。但我们既是缺乏幽默了，索性不幽默地来问：幽默到底是什么东西？

幽默是 humour 的译音。humour 又怎么讲呢？这个字的意义有过剧烈的变迁，可分为几个阶段来讲：

字源出于拉丁文之 humorem，其意义为“湿气”“液体”。这是这个字的原来的意思。这个字变成了英国字以后，它的原来的意义亦并未消失，自十四世纪至十七世纪末，英国文学中不少按照原意使用这字的例。

这个字传到英国，除原意以外，还有另外一义，那便是根据古代及中古之生理学，认定人的身体里面含有四种幽默，即四种液体——热血、冷血、黄胆汁、黑胆汁。一个人的身体和性质的特征，便是要看这四种幽默的配合的情形而定的。例如，冷血特多的人便是性情迟滞，黑胆汁特多的便是性情忧郁，黄胆汁特多的人易怒，热血特多的人活泼。这有一点像我们中国的五行之说，不过他们是四行罢了。由这一种意义，我们可以知道“幽默”一名词有由“物质的”转趋于“心理的”变化了。这变化也是在十四世纪就有了。

在英国戏剧中，班章孙的“幽默的喜剧”，是很著名的。他用“幽默”这名词是差不多完全撇掉它的原意，把“幽默”的意义完全变为一种心理状态，变为 rulingpassion，变为怪僻的性格，变为奇特的脾气或嗜好。怪僻的性格和奇特的脾气，描写起来，自然地趋于“夸张”“古怪”。

由不自觉的一种脾气变为自觉的一种态度，这便是“幽默”一名词之近代的含义之来源。性格怪僻、行为古怪的人同是一个“幽默者”，即善能发现别人或自己之怪僻古怪，或善于发现一切事体之矛盾冲突，他也便是一位“幽默家”了。英国十九世纪小说大家（也是一位幽默家）萨克莱在英美及苏格兰的演讲录《英国的幽默家》，里面讲的是十八世纪的幽默家十二人，——都是谁？是绥夫特、康格雷夫、阿迪生、斯蒂尔、Prior、Gay、蒲伯、Hogarth、Smollett、Fielding、Sterne 与高尔斯密。

幽默不仅是作家的观察人生的一种态度，也是作品里一种品质了。凡是以同情的、自然的、俏皮的笔调来描写人生之矛盾怪僻的作品，便自然地具有了幽默的品质。幽默不等于“俏皮话”，但幽默永远是俏皮的。

以上说的是英文中“幽默”一词所涵的意义。至于翻译成中文后之幽默是橘变为枳，还是枳变为橘，目前不少事实的证明，是无须我来批评的。

幽默是文学里的一种品质，不是一种体裁。我们可以说某一篇文章含有幽默，或是幽默的，但我们很难在诗歌、小说、戏剧散文诸体裁之外再创出一种“幽默体”。“幽默的诗”“幽默的小说”等的名词是可以成立的，因为这是在诗歌、小说中加入了幽默的成分。幽默是难能可贵的品质，有了它可以使得文学作品分外活泼有趣，没有它呢，诗还是诗，小说还是小说。幽默的本身亦非文学所必须备有的品质之一。

幽默既是文学的一种品质，那么在文学作品里绝不能从头至尾全篇的幽默，只可以在遇到适宜的情节时偶然地来幽默一下子。若是一篇作品，一句一幽默，那便成了幽默体，也便成了笑话。幽默专家和开门便令人发笑的小丑差不多，他在文学里是有位置的，但是他自己唱不了一出戏。勉强叫他唱一出戏，那便成了一出低级趣味的笑剧趣剧。所以幽默这种东西，在文学里是颇有用处的，但不能超过了一定的分量。

幽默是难以学习的，对于幽默的赏识也是难以学习的。令不幽默的人写幽默的文字，那真令人作呕；令不懂幽默的人懂幽默，那真是幽默了。有幽默的作家，在作品里不会不表现出他的幽默；遇到懂幽默的，不会不赏识幽默，那是再自然没有的事。提倡似乎很难罢？

幽默不是舞文弄墨的事，单在字上是不能推敲出多少幽默来的。一白话文，在里面硬插入几句古文烂调，之乎者也的大转一气，自然也有一点可笑（或可厌），但不是幽默。幽默存在于作家的态度里，表现在他的作风里——如何立意，如何取材，如何布局，如何描写，如何遣词，这些地方是该注意的。但咬文嚼字是不必需的，因为那只能产生一篇“游戏文章”，不能给文学作品以幽默的品质。古文里尽有幽默品，白话文里也尽有幽默的作品，白话搀古文呢，也许能有幽默的效果，但不是可以屡次尝试的一条路。

论短篇小说

胡　适

这一篇乃是三月十五日在北京大学国文研究所小说科讲演的材料。原稿由研究员傅斯年君记出，载于《北京大学日刊》。今就傅君所记，略为更易，作为此文。

一、什么叫作“短篇小说”

中国今日的文人大概不懂“短篇小说”是什么东西。现在的报纸杂志里面，凡是笔记杂纂，不成长篇的小说，都可叫作“短篇小说”。所以现在那些“某生，某处人，幼负异才……一日，游某园，遇一女郎，睨之，天人也……”一派的烂调小说，居然都称为“短篇小说”！其实这是大错的。西方的“短篇小说”（英文叫作 short story），在文学上有一定的范围，有特别的性质，不是单靠篇幅不长便可称为“短篇小说”的。

我如今且下一个“短篇小说”的界说：

短篇小说是用最经济的文学手段，描写事实中最精彩的一段或一方面，而能使人充分满意的文章。

这条界说中，有两个条件最宜特别注意。今且把这两个条件分说如下：

（一）“最经济的文学手段”

形容“经济”两个字，最好借用宋玉的话：“增之一分则太长，减之一分则太短；着粉则太白，施朱则太赤。”需要不可增减，不可涂饰，处处恰到好处，方可当“经济”二字。因此，凡可以拉长演作章回小说的短篇，均不是真正的“短篇小说”；凡叙事不能畅尽，写情不能饱满的短篇，也不是真正的“短篇小说”。

能合我所下的界说的，便是理想上完全的“短篇小说”。世间所称“短篇小说”，虽未能处处与这界说相合，但是那些可传世不朽的“短篇小说”，绝没有不具上文所说两个条件的。

如今且举几个例。西历一八七〇年，法兰西和普鲁士开战，后来法国大败，巴黎被攻破，出了极大的赔款，还割了两省地，才能讲和。这一次战争，在历史上就叫作普法之战，是一件极大的事。若是历史家记载这事，必定要上溯两国开衅的远因，中记战争的详情，下寻战与和的影响：这样记去，可满几十本大册子。这种大事到了“短篇小说家”的手里，便用最经济的手腕去写这件大事的最精彩的一段或一面。我且不举别人，单以 Daudet（都德）和 Maupassant（莫泊桑）两个人为例。

Daudet 所作普法之战的小说有许多种。我曾译出一种叫作《最后一课》（*La derniere classe*，初译名《割地》，登上海《大共和日报》，后改用今名，登《留美学生季报》第三期）。全篇用法国割给普国两省中一省的一个小学生的口气，写割地之后，普国政府下令，不许再教法文法语。所写的乃是一个小学教师教法文的“最后一课”。一切割地的惨状，都从这个小学生眼中看出，口中写出。还有一种，叫作《柏林之围》（*Le siege de Berlin*，曾载《甲寅》第四号），写的是法皇拿破仑第三出兵攻普鲁士时，有一个曾在拿破仑第一麾下的老兵官，以为这一次法兵一定要大胜了，所以特地搬到巴黎，住在凯旋门边，准备着看法兵“凯旋”的大典。后来这老兵官病了，他的孙女儿天天假造法兵得胜的新闻去哄他。那时普国的兵已打破巴黎。普兵进城之日，他老人家听见军乐声，还以为是法兵打破了柏林奏凯班师呢！这是借一个法国极强时代的老兵，来反照当日法国大败的大耻，两两相形，真可动人。

Maupassant 所作普法之战的小说也有多种。我曾译他的《二渔夫》（*Deuxamis*），写巴黎被围的情形，却都从两个酒鬼身上着想。还有许多篇，如 *Mlle Fifi*（莫泊桑的小说《菲菲小姐》）之类（皆未译出），或写一个妓女被普国兵士掳去的情形，或写法国内地村乡里面的光棍，乘着国乱，设立“军政分府”，作威作福的怪状……都可使人因此推想那时法国兵败以后的种种状态。这都是我所说的“用最经济的手段，描写事实中最精彩的一段或一方面，而能使人充分满意”的短篇小说。

（二）“事实中最精彩的一段或一方面”

譬如把大树的树身锯断，懂植物的人看了树身的“横截面”，数了树的“年轮”，便可知道这树的年纪。一人的生活，一国的历史，一个社会的变迁，都有一个“纵剖面”和无数“横截面”。纵面看去，须从头看到尾，才可看见全部。横面截开一段，若截在要紧的所在，便可把这个“横截面”代表这个人，或这一国，或这一个社会。这一种可以代表全部的部分，便是我所谓“最精彩”的部分。又譬如，西洋照相术未发明之前，有一种“侧面剪影”（silhouette），用纸剪下人的侧面，便可知道是某人（此种剪像曾风行一时，今虽有照相术，尚有人为之）。这种可以代表全形的一面，便是我所谓“最精彩”的方面。若不是“最精彩的”所在，绝不能用一段代表全体，绝不能用一面代表全形。

二、中国短篇小说的略史

“短篇小说”的定义既已说明了，如今且略述中国短篇小说的小史。中国最早的短篇小说，自然要数先秦诸子的寓言了。《庄子》《列子》《韩非子》《吕览》诸书所载的“寓言”，往往有用心结构可当“短篇小说”之称的。今举二例，第一例见于《列子·汤问》篇：

太行、王屋二山，方七百里，高万仞，本在冀州之南，河阳之北。

北山愚公者，年且九十，面山而居，惩山北之塞出入之迂也，聚室而谋曰：“吾与汝毕力平险，指通豫南，达于汉阴，可乎？”杂然相许。

其妻献疑曰：“以君之力，曾不能损魁父之丘。如太行王屋何？且焉置土石？”杂曰：“投诸渤海之尾，隐土之北！”

遂率子孙荷担者三夫，叩石垦壤，箕畚运于渤海之尾。邻人京城氏之孀妻，有遗男，始龀，跳往助之。寒暑易节，始一返焉。

河曲智叟笑而止之曰：“甚矣，汝之不慧！以残年余力，曾不能毁山之一毛，其如土石何？”

北山愚公长息曰：“汝心之固，固不可彻，曾不若孀妻弱子！虽我之死，有子存焉。子又生孙，孙又生子，子又有子，子又有孙。子子孙孙，无穷匮也，而山不加增。何苦而不平！”

河曲智叟亡以应。

操蛇之神闻之，惧其不已也，告之于帝。帝感其诚，命夸娥氏二子负二山，一厝朔东，一厝雍南。自此，冀之南，汉之阴，无陇断焉。

这篇大有小说风味。第一，因为他要说“至诚可动天也”，却平空假造一段太行、王屋两山的历史。第二，这段历史之中，处处用人名、地名，用直接会话，写细事小物，即写天神也用“操蛇之神”“夸娥氏二子”等私名，所以看来好像真有此事。这两层都是小说家的家数。现在的人一开口便是“某生”“某甲”，真是不曾懂得作小说的ABC。

第二例见于《庄子·无鬼》篇：

庄子送葬，过惠子之墓，顾谓从者曰：

“郢人垩漫其鼻端，若蝇翼，使匠石斫之。匠石运斤成风，听而斫之，尽垩而鼻不伤。郢人立不失容。宋元君闻之，召匠石曰：‘尝试为寡人为之！’匠石曰：‘臣则尝能斫之。虽然，臣之质死久矣！’自夫子（谓惠子）之死也，吾无以为质矣！吾无与言之矣！”

这一篇写“知己之感”，从古至今，无人能及。看他写“垩漫其鼻端，若蝇翼”，写“匠石运斤成风”，都好像真有此事，所以有文学的价值。看他寥寥七十余字，写尽无限感慨，是何等“经济的”手段！

自汉到唐这几百年中，出了许多“杂记”体的书，却都不配称作“短篇小说”。最下流的如《神仙传》和《搜神记》之类，不用说了。最高的如《世说新语》，其中所记，有许多很有“短篇小说”的意味，却没有“短篇小说”的体裁。如下举的例：

（1）桓公（温）北征，经金城，见前为琅琊时种柳，皆已十围，慨然曰：“木犹如此，人何以堪！”攀枝执条，泫然流泪。

（2）王子猷（徽之）居山阴，夜大雪，眠觉开室，命酌酒，四望皎然。因起彷徨，咏左思《招隐》诗，忽忆戴安道。时戴在剡，即便夜乘小船就之。经宿方至，造门不前而返。人问其故，王曰：“吾本乘兴而来，兴尽而返，何必见戴！”

此等记载，都是拣取人生极精彩的一小段，用来代表那人的性情品格，所以我说《世说新语》很有“短篇小说”的意味。只是《世说新语》所记都是事实，或是传闻的事实，虽有剪裁，却无结构，故不能称作“短篇小说”。

比较说来，这个时代的散文短篇小说还该数到陶潜的《桃花源记》。这篇文字，命意也好，布局也好，可以算得一篇用心结构的“短篇小说”。此外，便须到韵文中去找短篇小说了。韵文中《孔雀东南飞》一篇是很好的短篇小说，记事言情，事事都到。但是比较起来，还不如《木兰辞》更为“经济”。

《木兰辞》记木兰的战功，只用“将军百战死，壮士十年归”十个字；记木兰归家的那一天，却用了一百多字。十个字记十年的事，不为少。一百多字记一天的事，不为多。这便是文学的“经济”。但是比较起来，《木兰辞》还不如古诗《上山采蘼芜》神妙。那诗道：

上山采蘼芜，下山逢故夫。长跪问故夫：“新人复何如?”

“新人虽言好，未若故人姝。颜色类相似，手爪不相如。新人从门入，故人从阁去。新人工织缣，故人工织素。织缣日一匹，织素五丈余。将缣来比素，新人不如故。”

这首诗有许多妙处。第一，它用八十个字，写出那家夫妇三口的情形，使人可怜被逐的“故人”，又使人痛恨那没有心肝、想靠着老婆发财的“故夫”。第二，它写那人弃妻娶妻的事，却不用从头说起：不用说“某某，某处人，娶妻某氏，甚贤；已而别有所爱，遂弃前妻而娶新欢……”它只从这三个人的历史中挑出那日从山上采野菜回来遇着故夫的几分钟，是何等“经济的手段”！是何等“精彩的片段”！第三，它只用“上山采蘼芜，下山逢故夫”十个字，便写出这妇人是一个弃妇，被弃之后，非常贫苦，只得挑野菜度日。这是何等神妙手段！懂得这首诗的好处，方才可谈“短篇小说”的好处。

到了唐朝，韵文、散文中都有很妙的短篇小说。韵文中，杜甫的《石壕吏》是绝妙的例。那诗道：

暮投石壕村，有吏夜捉人，老翁逾墙走，老妇出门看。吏呼一何怒！妇啼一何苦！听妇前致词："三男邺城戍。一男附书至，二男新战死。生者且偷生，死者长已矣！室中更无人，惟有乳下孙，有孙母未去，出入无完裙。老妪力虽衰，请从吏夜归，急应河阳役，犹得备晨炊。"夜久语声绝，如闻泣幽咽。天明登前途，独与老翁别！

这首诗写天宝之乱，只写一个过路投宿的客人夜里偷听得的事，不插一句议论，便使人觉得那时代征兵之制的大害，百姓的痛苦，丁壮死亡的多，差役捉人的横行：一一都在眼前。捉人捉到生了孙儿的祖老太太，别的更可想而知了。

白居易的《新乐府》五十首中，尽有很好的短篇小说。最妙的是《新丰折臂翁》一首。看他写"是时翁年二十四，兵部牒中有名字，夜深不敢使人知，偷将大石捶折臂"，使人不得不发生"苛政猛于虎"的思想。白居易的《琵琶行》也算得一篇很好的短篇小说。自居易的短处，只因为他有点迂腐气，所以处处要把作诗的"本意"来做结尾；即如《新丰折臂翁》篇末加上"君不见开元宰相宋开府"一段，便没有趣味了。

《长恨歌》一篇，本用道士见杨贵妃，带来信物一件事作主体。白居易虽作了这诗，心中却不信道士见杨妃的神话，所以他不但说杨妃所在的仙山"在虚无缥缈间"；还要先说杨妃死时"金钿委地无人收，翠翘金雀玉搔头"，竟直说后来"天上"带来的"钿合金钗"是马嵬坡拾起的了！自己不信，所以说来便不能叫人深信。

人说赵子昂画马，先要伏地作种种马相。做小说的人，也要如此，也要用全副精神替书中人物设身处地，体贴入微。做“短篇小说”的人，格外应该如此。为什么呢？因为“短篇小说”要把所挑出的“最精彩的一段”作主体，才可有全神贯注的妙处。若带点迂气，处处把“本意”点破，便是把书中事实作一种假设的附属品，也便没有趣味了。

唐朝的散文短篇小说很多，好的却实在不多。我看来看去，只有张说的《虬髯客传》可算得上品的“短篇小说”。《虬髯客传》的本旨只是要说“真人之兴，非英雄所冀”。他却平空造出虬髯客一段故事，插入李靖、红拂一段情史，写到正热闹处，忽然写“太原公子裼裘而来”，遂使那位野豪杰绝心于事国，另去海外开辟新国。这种立意布局，都是小说家的上等功夫。这是第一层长处。这篇是“历史小说”，凡作“历史小说”，不可全用历史上的事实，却又不可违背历史上的事实。全用历史的事实，便成了“演义”体，如《三国演义》和《东周列国志》，没有真正“小说”的价值（《三国》所以稍有小说价值者，全靠其能于历史事实之外，加入许多小说材料耳）。若违背了历史的事实，如《说岳传》使岳飞的儿子挂帅印打平金国，虽可使一班愚人快意，却又不成“历史的”小说了。最好是能于历史事实之外，造成一些“似历史又非历史”的事实，写到结果却又不违背历史的事实。

如法国大仲马的《侠隐记》（商务出版。译者君朔，不知是何人。我以为近年译西洋小说当以君朔所译诸书为第一。君朔所用白话，全非抄袭旧小说的白话，乃是一种特创的白话，最能传达原书的神气，其价值高出林纾百倍。可惜世人不会赏识)，写英国暴君查尔斯一世为克林威尔（克伦威尔）所囚时，有几个侠士出了死力百计想把他救出来，每次都到将成功时忽又失败；写来极热闹动人，令人急煞，却终不能救免查尔斯一世断头之刑，故不违背历史的事实。

又如《水浒传》所记宋江等三十六人是正史所有的事实。《水浒传》所写宋江在浔阳江上吟反诗，写武松打虎杀嫂，写鲁智深大闹和尚寺等事，处处热闹煞，却终不违历史的事实（《荡寇志》便违背历史的事实了)。《虬髯客传》的长处正在他写了许多动人的人物事实，把“历史的”人物（如李靖、刘文静、唐太宗之类）和“非历史的”人物（如虬髯客、红拂）穿插夹混，叫人看了竟像那时真有这些人物事实。但写到后来，虬髯客飘然去了，依旧是唐太宗得了天下，一毫不违背历史的事实。这是“历史小说”的方法，便是《虬髯客传》的第二层长处。此外，还有一层好处，唐朝以前的小说，无论散文、韵文，都只能叙事，不能用全副气力描写人物。《虬髯客传》写虬髯客极有神气，自不用说了。就是写红拂、李靖等“配角”，也都有自性的神情风度。这种“写生”手段，便是这篇的第三层长处。有这三层长处，所以我敢断定这篇《虬髯客传》是唐朝第一篇“短篇小说”。

宋朝是“章回小说”发生的时代。如《宣和遗事》和《五代史平话》等书，都是后世“章回小说”的始祖。《宣和遗事》中记杨志卖刀杀人，晁盖等八人路劫生辰纲，宋江杀阎婆惜诸段，便是施耐庵《水浒传》的稿本。从《宣和遗事》变成《水浒传》，是中国文学史上一大进步。但宋朝是“杂记小说”极盛的时代，故《宣和遗事》等书，总脱不了“杂记”体的性质，都是上段不接下段，没有结构布局的。宋朝的“杂记小说”颇多好的，但都不配称作“短篇小说”。“短篇小说”是有结构局势的；是将全副精神气力贯注到一段最精彩的事实上的。“杂记小说”是东记一段，西记一段，如一盘散沙，如一篇零用账，全无局势结构的。这个区别，不可忘记。

明清两朝的“短篇小说”，可分白话与文言两种。白话的“短篇小说”可用《今古奇观》作代表。《今古奇观》是明末的书，大概不全是一人的手笔（如《杜十娘》一篇，用文言极多，远不如《卖油郎》，似出两人手笔）。书中共有四十篇小说，大要可分两派：一是演述旧作的，一是自己创作的。如《吴保安弃家赎友》一篇，全是演唐人的《吴保安传》，不过添了一些琐屑节目罢了。但是这些加添的琐屑节目，便是文学的进步。《水浒传》之所以比《史记》更好，只在多了许多琐屑细节。《水浒传》之所以比《宣和遗事》更好，也只在多了许多琐屑细节。从唐人的吴保安，变成《今古奇观》的吴保安；从唐人的李汧公，变成《今古奇观》的李汧公；从汉人的伯牙、子期，变成《今古奇观》的伯牙、子期——这都是文学由略而详，由粗枝大叶而琐屑细节的进步。

此外，那些明人自己创造的小说，如《卖油郎》，如《洞庭红》，如《乔太守》，如《念亲恩孝女藏儿》，都可称很好的“短篇小说”。依我看来，《今古奇观》的四十篇之中，布局以《乔太守》为最工，写生以《卖油郎》为最工。《乔太守》一篇，用一个李都管做全篇的线索，是有意安排的结构。《卖油郎》一篇写秦重、花魁娘子、九妈、四妈，各到好处。《今古奇观》中虽有很平常的小说（如《三孝廉》《吴保安》《羊角哀》诸篇），比起唐人的散文小说，已大有进步了。

唐人的小说，最好的莫如《虬髯客传》。但《虬髯客传》写的是英雄豪杰，容易见长。《今古奇观》中大多数的小说，写的是些琐细的人情世故，不容易写得好。唐人的小说大多属于理想主义（如《虬髯客传》《红线》《聂隐娘》诸篇），《今古奇观》中如《卖油郎》《徐老仆》《乔太守》《念亲恩孝女藏儿》，便近于写实主义了。至于由文言的唐人小说变成白话的《今古奇观》，写物写情，都更能曲折详尽，那更是一大进步了。

只可惜白话的短篇小说，发达不久便中止了。中止的原因，约有两层。第一，白话的“章回小说”发达了，作小说的人往往把许多短篇略加组织，合成长篇。例如《儒林外史》和《品花宝鉴》名为长篇的“章回小说”，其实都是许多短篇凑拢来的。这种杂凑的长篇小说的结果，反阻碍了白话短篇小说的发达。第二，明末清初的文人很做了一些中上的文言短篇小说。如《虞初新志》《虞初续志》《聊斋志异》等书里面，很有几篇可读的小说。

比较看来，还该把《聊斋志异》来代表这两朝的文言小说。《聊斋志异》里面，如《续黄粱》《胡四相公》《青梅》《促织》《细柳》诸篇，都可称为“短篇小说”。《聊斋志异》的小说，平心而论，实在高出唐人的小说。蒲松龄虽喜说鬼狐，但他写鬼狐都是人情世故，于理想主义之中，却带几分写实的性质。这实在是他的长处。只可惜文言不是能写人情世故的利器，到了后来，那些学《聊斋志异》的小说，更不值得提起了。

三、结论

最近世界文学的趋势，都是由长趋短，由繁多趋简要。——“简”与“略”不同，故这句话与上文所说“由略而详”的进步，并无冲突。——诗的一方面，所重的在于“写情短诗”（lyrical poerty）（或译“抒情诗”）。像 Homer、Milton、Dante（荷马、弥尔顿、但丁）那些几十万字的长篇，几乎没有人作了，即使有人作（十九世纪尚多此种），也很少人读了。戏剧一方面，莎士比亚的戏，有时竟长到五出二十幕［此所指乃 *Hamlet*（《哈姆雷特》）也］，后来变到五出五幕；又渐渐变成三出三幕，如今最注重的是“独幕戏”了。

小说一方面，自十九世纪中段以来，最通行的是短篇小说。长篇小说如 Tolstoy（托尔斯泰）的《战争与和平》，竟是绝无仅有的了。所以我们简直可以说，“写情短诗”“独幕剧”“短篇小说”三项，代表世界文学最近的趋向。这种趋向的原因，不止一种。①世界的生活竞争一天忙似一天，时间越宝贵了，文学也不能不讲究“经济”；若不经济，只配给那些吃了饭没事做的老爷太太看，不配给那些在社会上做事的人看了。②文学自身的进步，与文学的“经济”有密切关系。斯宾塞说，论文章的方法，千言万语，只是“经济”一件事。文学越进步，自然越讲求“经济”的方法。有此两种原因，所以世界的文学都趋向这三种“最经济的”体裁。

今日中国的文学，最不讲“经济”。那些古文学家和那些“聊斋滥调”的小说家，只会记“某时到某地，遇某人，做某事”

的死账，毫不懂状物写情是全靠琐屑节目的。那些长篇小说家又只会作那无穷无极《九尾龟》一类的小说，连体裁布局都不知道，不要说文学的经济了。若要救这两种大错，不可不提倡那最经济的体裁，不可不提倡真正的“短篇小说”。

论百读不厌

朱自清

前些日子参加了一个讨论会，讨论赵树理先生的《李有才板话》。座中一位青年提出了一件事实：他读了这本书觉得好，可是不想重读一遍。大家费了些时候讨论这件事实。有人表示意见，说不想重读一遍，未必减少这本书的好，未必减少它的价值。但是时间匆促，大家没有达到明确的结论。一方面似乎大家都没有重读过这本书，并且似乎从没有想到重读它。然而问题不但关于这一本书，而是关于一切文艺作品。另一方面为什么一些作品有人“百读不厌”，有人不想读第二遍呢？是作品的不同吗？是读的人不同吗？如果是作品不同，“百读不厌”是不是作品评价的一个标准呢？这些都值得我们思索一番。

苏东坡有《送章惇秀才失解西归》一诗，开头两句是：

旧书不厌百回读，熟读深思子自知。

“百读不厌”这个成语就出自这里。“旧书”指的是经典，所

以要“熟读深思”。《三国志·魏志·王肃传·注》:

人有从(董遇)学者,遇不肯教,而云“必当先读百遍”,言“读书百遍而意自见”。

经典文字简短,意思深长,要多读,熟读,仔细玩味,才能了解和体会。所谓“子自知”“意自见”,着重自然而然,这是不能着急的。该诗句原是安慰和勉励那考试失败的章惇秀才的话,劝他回家再去安心读书,说“旧书”不嫌多读,越读越玩味越有意思。固然经典值得“百回读”,但是这里着重的还在那读书的人。简化成“百读不厌”这个成语,却就着重在读的书或作品了。这成语常跟另一成语“爱不释手”配合着,在读的时候“爱不释手”,读过了以后“百读不厌”。这是一种赞词和评语,传统上确乎是个评价的标准。当然,“百读”只是“重读”“多读”“屡读”的意思,并不一定一遍接着一遍地读下去。

经典给人知识,教给人怎样做人,其中有许多语言的、历史的、修养的课题,有许多注解,此外还有许多相关的考证,读上百遍,也未必能够处处贯通,教人多读是有道理的。但是后来所谓“百读不厌”,往往不指经典而指一些诗、一些文,以及一些小说;这些作品读起来津津有味,重读、屡读也不腻味,所以说“不厌”;“不厌”不但是“不讨厌”,并且是“不厌倦”。

诗文和小说都是文艺作品,这里面也有些语言的和历史的课题,诗文也有些注解和考证;小说方面呢,却直到近代才有人注意这些课题,于是也有了种种考证。但是过去一般读者只注意诗文的注解，不大留心那些课题，对于小说更是如此。他们集中在本文的吟诵或浏览上。这些人吟诵诗文是为了欣赏，甚至只为了消遣，浏览或阅读小说更只是为了消遣，他们要求的是趣味，是快感。这跟诵读经典不一样。诵读经典是为了知识，为了教训，得认真、严肃、正襟危坐地读，不像读诗文和小说可以马马虎虎的、随随便便的，在床上、在火车轮船上都成。这么着可还能够教人“百读不厌”，那些诗文和小说到底是靠了什么呢？

在笔者看来，诗文主要是靠了声调，小说主要是靠了情节。过去一般读者大多会吟诵，他们吟诵诗文，从那吟诵的声调或吟诵的音乐中得到趣味或快感，意义的关系很少；只要懂得字面儿，全篇的意义弄不清楚也不要紧的。梁启超先生说过李义山的一些诗，虽然不懂得究竟是什么意思，可是读起来还是很有趣味（大意）。这种趣味大概一部分在那些字面儿的影像上，一部分就在那七言律诗的音乐上。字面儿的影像引起人们奇丽的感觉；这种影像所表示的往往是珍奇、华丽的景物，平常人不容易接触到的所谓“七宝楼台”之类。民间文艺里常常见到的“牙床”等，也正是这种作用。

民间流行的小调以音乐为主，而不注重词句，欣赏也偏重在音乐上，跟吟诵诗文也正相同。感觉的享受似乎是直接的、本能的，即使是字面儿的影像所引起的感觉，也还多少有这种情形，至于小调和吟诵，更显然直接诉诸听觉，难怪容易唤起普遍的趣味和快感。至于意义的欣赏，得靠综合诸感觉的想象力，这个得有长期的教养才成。然而即使是教养很深的梁启超先生，有时也还让感觉领着走，足见感觉的力量之大。

小说的“百读不厌”，主要是靠了故事或情节。人们在儿童时代就爱听故事，尤其爱奇怪的故事。成人也还是爱故事，不过那情节得复杂些。这些故事大概总是神仙、武侠、才子、佳人，经过种种悲欢离合，而以大团圆终场。悲欢离合总得不同寻常，那大团圆才足奇。小说本来起于民间，起于农民和小市民之间。在封建社会里，农民和小市民是受着重重压迫的，他们没有多少自由，却有做白日梦的自由。他们寄托他们的希望于超现实的神仙、神仙化的武侠，以及望之若神仙的上层社会的才子佳人；他们希望有朝一日自己会变成这样的人物。这自然是不能实现的奇迹，可是能够给他们安慰、趣味和快感。他们要大团圆，正因为他们一辈子是难得大团圆的，奇情也正是常情啊。他们同情故事中的人物，“设身处地”地“替古人担忧”，这也是事奇人奇的缘故。

过去的小说似乎始终没有完全移交到士大夫的手里。士大夫读小说，只是看闲书，即使作小说，也只是游戏文章，总而言之，消遣而已。他们得化装为小市民来欣赏，来写作；在他们看，小说奇于事实，只是一种玩意儿，所以不能认真、严肃，只是消遣而已。

封建社会渐渐垮了，五四时代出现了个人，出现了自我，同时成立了新文学。新文学提高了文学的地位；文学也给人知识，教给人怎样做人，不是做别人的，而是做自己的人。可是这时候写作新文学和阅读新文学的，只是那变了质的下降的士和那变了质的上升的农民和小市民混合成的知识阶级，别的人是不愿来或不能来参加的。

而新文学跟过去的诗文和小说的不同之处，就在它是认真地负着使命。早期的反封建也罢，后来的反帝国主义也罢，写实的也罢，浪漫的和感伤的也罢，文学作品总是一本正经地在表现着并且批评着生活。这么着文学扬弃了消遣的气氛，回到了严肃——古代贵族的文学如《诗经》，倒本来是严肃的。这负着严肃的使命的文学，自然不再注重传奇，不再注重趣味和快感，读起来也得正襟危坐，跟读经典差不多，不能再那么马马虎虎、随随便便的。但是究竟是形象化的，诉诸情感的，跟经典以冰冷的、抽象的、理智的教训为主不同，又是现代的白话，没有那些语言的和历史的问题，所以还能够吸引许多读者自动去读。不过教人“百读不厌”甚至教人想去重读一遍的作品，的确是很少了。

新诗或白话诗和白话文，都脱离了那多多少少带着人工的、音乐的声调，而用着接近说话的声调。喜欢古诗、律诗和骈文、古文的失望了，他们尤其反对这不能吟诵的白话新诗；因为诗出于歌，一直不曾跟音乐完全分家，他们是不愿扬弃这个传统的。然而诗终于转到意义中心的阶段了。

古代的音乐是一种说话，所谓“乐语”，后来的音乐独立发展，变成以“好听”为主了。现在的诗既负上自觉的使命，它得说出人人心中所欲言而不能言的，自然就不注重音乐而注重意义了——音乐大概也在渐渐注重意义，回到说话罢——字面儿的影像还是用得着，不过一般地看起来，影像本身，不论是鲜明的，朦胧的，可以独立地诉诸感觉的，是不够吸引人了；影像如果必须得用，就要配合全诗的各部分完成那中心的意义，说出那要说的话。在这动乱时代，人们着急要说话，因为要说的话实在太多。小说也不注重故事或情节了，它的使命比诗更见分明。它可以不靠描写，只靠对话，说出所要说的。这里面神仙、武侠、才子、佳人，都不大出现了，偶然出现，也得打扮成平常人。是的，这时代的小说的人物，主要是些平常人了，这是平民世纪啊。

至于文，长篇议论文发展了工具性，让人们更如意也更精密地说出他们的话，但是这已经成为诉诸理性的了。诉诸情感的是那发展在后的小品散文，就是那标榜“生活的艺术”，抒写身体琐事”的。这倒是回到趣味中心，企图着教人“百读不厌”的，确乎也风行过一时。然而时代太紧张了，不容许人们那么悠闲；大家嫌小品文近乎所谓“软性”，丢下了它去找那“硬性”的东西。

文艺作品的读者变了质了，作品本身也变了质了，意义和使命压下了趣味，认识和行动压下了快感。这也许就是所谓“硬”的解释。“硬性”的作品得一本正经地读，自然就不容易让人“爱不释手”“百读不厌”。于是“百读不厌”就不成其为评价的标准了，至少不成其为主要的标准了。但是文艺是欣赏的对象，它究竟是形象化的、诉诸情感的，怎么“硬”也不能“硬”到和论文或公式一样。

诗虽然不必再讲那带几分机械性的声调，却不能不讲节奏，说话不也有轻重高低快慢吗？节奏合式，才能集中，才能够高度集中。文也有文的节奏，配合着意义使意义集中。小说是不注重故事或情节了，但总得有些契机来表现生活和批评它；这些契机得费心思去选择和配合，才能够将那要说的话、要传达的意义，完整地说出来、传达出来。集中了的完整了的意义，才见出情感，才让人乐意接受，“欣赏”就是“乐意接受的意思。能够这样让人欣赏的作品是好的，是否百读不厌”，可以不论。在这种情形之下，笔者同意：《李有才板话》即使没有人想重读一遍，也不减少它的价值，它的好。

但是，在我们的现代文艺里，让人“百读不厌”的作品也有的。例如，鲁迅先生的《阿Q正传》，茅盾先生的《幻灭》《动摇》《追求》三部曲，笔者都读过不止一回，想来读过不止一回的人该不少罢。在笔者本人，大概是《阿Q正传》里的幽默和三部曲里的几个女性吸引住了我。这几个作品的好已经定论，它们的意义和使命大家也都熟悉，这里说的只是它们让笔者“百读不厌”的因素。

《阿Q正传》主要的作用不在幽默，那三部曲的主要作用也不在塑造几个女性，但是这些可能产生让人“百读不厌”的趣味。这种趣味虽然不是必要的，却也可以增加作品的力量。不过这里的幽默绝不是油滑的、无聊的，也绝不是为幽默而幽默，而女性也绝不就是色情，这个界限是得弄清楚的。

抗战期中，文艺作品尤其是小说的读众大大地增加了。增加的多半是小市民的读者，他们要求消遣，要求趣味和快感。扩大了的读众，有着这样的要求也是很自然的。长篇小说的流行就是这个要求的反映，因为篇幅长，故事就长，情节就多趣味也就丰富了。这可以促进长篇小说的发展，倒是很好的。可是有些作者因为这样的要求，忘记了自己的边界，放纵到色情，以及粗劣的笑料上，去吸引读众，这只是迎合低级趣味。而读者贪读这一类低级的软性的作品，也只是沉溺，说不上“百读不厌”。“百读不厌”究意是个赞词还是评语，虽然以趣味为主，总要是纯正的趣味才说得上的。

论张爱玲的小说

傅　雷

在一个低气压的时代，水土特别不相宜的地方，谁也不存什么幻想，期待文艺园地里有奇花异卉探出头来。然而天下比较重要一些的事故，往往在你冷不防的时候出现。史家或社会学家会用逻辑来证明，偶发的事故实在是酝酿已久的结果。但没有这种分析头脑的大众，总觉得世界上真有魔术棒似的东西在指挥着，每件新事故都像从天而降，教人无论悲喜都有些措手不及。

张爱玲女士的作品给予读者的第一个印象，便有这情形。“这太突兀了，太像奇迹了”，除这类不着边际的话以外，读者从没切实表示过意见。也许真是过于意外而怔住了。也许人总是胆怯的动物，在明确的舆论未成立以前，明哲的办法是含糊一下再说。但舆论还得大众去培植；而且文艺的长成，急需社会的批评，而非谨慎的或冷淡的缄默。是非好恶，不妨直说。说错了看错了，自有人指正。——无所谓尊严问题。

我们的作家一向对技巧抱着鄙夷的态度。五四以后，消耗了无数笔墨的是关于主义的论战。仿佛一有准确的意识就能立地成佛似的，区区艺术更是不成问题。其实，几条抽象的原则只能给大中学生应付会考。哪一种主义也好，倘没有深刻的人生观、真实的生活体验、迅速而犀利的观察、熟练的文字技能、活泼丰富的想象，绝不能产生一件像样的作品。而且这一切都得经过长期艰苦的训练。《战争与和平》的原稿修改过七遍，大家可只知道托尔斯泰是个多产的作家（仿佛多产便是滥造似的）。巴尔扎克一部小说前前后后的修改稿，要装订成十余巨册，像百科辞典般排成一长队。然而，大家以为巴尔扎克写作时有债主逼着，定是匆匆忙忙赶起来的。忽视这样显著的历史教训，便是使我们许多作品流产的主因。

譬如，斗争是我们最感兴趣的题材。对，人生一切都是斗争。但第一是斗争的范围，过去并没包括全部人生。作家的对象，多半是外界的敌人：宗法社会、旧礼教、资本主义……可是人类最大的悲剧往往是内在的。外来的苦难，至少有客观的原因可得而诅咒，反抗，攻击；还有赚取同情的机会。至于个人在情欲主宰之下所招致的祸害，非但失去了泄仇的目标，且更遭到“自作自受”一类的遣责。第二是斗争的表现。人的活动脱不了情欲的因素；斗争是活动的尖端，更是情欲的舞台。去掉了情欲，斗争便失掉活力。情欲而无深刻的勾勒，一样失掉它的活力，同时把作品变成了空的躯壳。

在此我并没意思铸造什么尺度，也不想清算过去的文坛；只是把已往的主要缺陷回顾一下，瞧瞧我们的新作家把它们填补了多少。

《金锁记》

由于上述的观点，我先讨论《金锁记》。它是一个最圆满肯定的答复。情欲（passion）的作用，很少像在这件作品里那么重要。

从表面看，曹七巧不过是遗老家庭里的一种牺牲品，没落的宗法社会里微末不足道的渣滓。但命运偏偏要教渣滓当续命汤，不但要做她儿女的母亲，还要做她媳妇的婆婆——把旁人的命运交在她手里。以一个小家碧玉而高举簪缨望族，门户的错配已经种下了悲剧的第一个原因。原来当残废公子的姨奶奶的角色，由于老太太一念之善（或一念之差），抬高了她的身份，做了正室；于是造成了她悲剧的第二个原因。在姜家的环境里，固然当姨奶奶也未必有好收场，但黄金欲不致被刺激得那么高涨，恋爱欲也就不致被抑压得那么厉害。她的心理变态，即使有，也不致病入膏肓，扯上那么多的人替她殉葬。然而最基本的悲剧因素还不在此。她是担当不起情欲的人，情欲在她心中偏偏来得嚣张。已经把一种情欲压倒了，才死心塌地来服侍病人，偏偏那情欲死灰复燃，要求它的那份权利。爱情在一个人身上不得满足，便需要三四个人的幸福与生命来抵偿。可怕的报复！

可怕的报复把她压瘪了。“儿子女儿恨毒了她”，至亲骨肉都给“她沉重的枷角劈杀了”，连她心爱的男人也跟她“仇人似的”；她的惨史写成故事时，也还得给不相干的群众义愤填膺地咒骂几句。悲剧变成了丑史，血泪变成了罪状：还有什么更悲惨的？

当七巧回想着早年当曹大姑娘时代，和肉店里的朝禄打情骂俏时，“一阵温风直扑到她脸上，腻滞的死去的肉体的气味……她皱紧了眉毛。床上睡着她的丈夫，那没有生命的肉体……”当年的肉腥虽然教她皱眉，究竟是美妙的憧憬，充满了希望。眼前的肉腥，却是刽子手刀上的气味。——这刽子手是谁？黄金。黄金的情欲。为了黄金，她在焦灼期待，“啃不到”黄金的边的时代，嫉妒妯娌姑子，跟兄嫂闹架。为了黄金，她只能“低声”对小叔嚷着：“我有什么地方不如人？我有什么地方不好？”为了黄金，她十年后甘心把最后一个满足爱情的希望吹肥皂泡似的吹破了。当季泽站在她面前，小声叫道：“二嫂！……七巧！”接着诉说了（终于！）隐藏十年的爱以后：

七巧低着头，沐浴在光辉里，细细的音乐，细细的喜悦……这些年了，她跟他捉迷藏似的，只是近不得身，原来还有今天！

“沐浴在光辉里”，一生仅这一次，主角蒙受神的恩宠。好似伦勃朗笔下的肖像，整个的人都沉没在阴暗里，只有脸上极小的一角沾着些光亮。即是这些少的光亮直透入我们的内心。

季泽立在她跟前，两手合在她扇子上，面颊贴在她扇子上。他也老了十年了。然而人究竟还是那个人呵！他难道是哄她吗？他想她的钱——她卖掉她的一生换来的几个钱？仅仅这一念便使她暴怒起来了……

这一转念赛如一个闷雷，一片浓重的乌云，立刻掩盖了一刹那的光辉；“细细的音乐，细细的喜悦”，被暴风雨无情地扫荡了。雷雨过后，一切都已过去，一切都已晚了。“一滴，一滴……一更，二更……一年，一百年……”完了，永久地完了。剩下的只有无穷的悔恨。“她要在楼上的窗户里再看他一眼。无论如何，她从前爱过他。她的爱给了她无穷的痛苦。只这一点，就使她值得留恋。”留恋的对象消灭了，只有留恋往日的痛苦。就在一个出身低微的轻狂女子身上，爱情也不曾减少圣洁。

七巧眼前仿佛挂了冰冷的珍珠帘，一阵热风来了，把那帘紧紧贴在她脸上，风去了，又把帘子吸了回去，气还没透过来，风又来了，没头没脸包住她——一阵凉，一阵热，她只是淌着眼泪。

她的痛苦到了顶点（作品的美也到了顶点），可是没完。只换了方向，从心头沉到心底，越来越无名。愤懑变成尖刻的怨毒，莫名其妙地只想发泄，不择对象。她眯缝着眼望着儿子，“这些年来她的生命里只有这一个男人，只有他，她不怕他想她的钱——横竖钱都是他的。可是，因为他是她的儿子，他这一个人还抵不了半个……”多怆痛的呼声！“……现在，就连这半个人她也保留不住——他娶了亲。”于是儿子的幸福，媳妇的幸福，女儿的幸福，在她眼里全变作恶毒的嘲笑，好比公牛面前的红旗。歇斯底里变得比疯狂还可怕，因为“她还有一个疯子的审慎与机智”。凭了这，她把他们一齐断送了。这也不足为奇。炼狱的一端紧接着地狱，殉难者不肯忘记把最亲近的人带进去。

最初她把黄金锁住了爱情，结果却锁住了自己。爱情磨折了她一世和一家。她战败了，她是弱者。但因为是弱者，她就没有被同情的资格了吗？弱者做了情欲的俘虏，代情欲做了刽子手，我们便有理由恨她吗？作者不这么想。在上面所引的几段里，显然有作者深切的怜悯，唤引着读者的怜悯。还有："多少回了，为了要按捺她自己，她迸得全身的筋骨与牙根都酸楚了。""十八九岁做姑娘的时候……喜欢她的有……如果她挑中了他们之中的一个，往后日子久了，生了孩子，男人多少对她有点真心。七巧挪了挪头底下的荷叶边洋枕，凑上脸去揉擦一下，那一面的一滴眼泪，她也就懒怠去揩拭，由它挂在腮上，渐渐自己干了。"这些淡淡的朴素的句子，也许粗忽的读者不会注意的，有如一阵温暖的微风，抚弄着七巧墓上的野草。

和主角的悲剧相比，几个配角的显然缓和多了。长安姐弟都不是有情欲的人。幸福的得失，对他们远没有对他们的母亲那么重要。长白尽往陷坑里沉，早已失去了知觉，也许从来就不曾有知觉。长安有过两次快乐的日子，但都用"一个美丽而苍凉的手势"自愿舍弃了。便是这个手势使她的命运虽不像七巧的那样阴森可怕、影响深远，却令人觉得另一股惆怅与凄凉的滋味。Long，Long ago 的曲调所引起的无名悲哀，将永远留在读者心坎。结构，节奏，色彩，在这件作品里不用说有了最幸运的成就。

特别值得一提的，还有下列几点：

第一是作者的心理分析，并不采用冗长的独白，或枯索烦琐的解剖，她利用暗示，把动作、言语、心理三者打成一片。七巧、季泽、长安、童世舫、芝寿，都没有专写他们内心的篇幅；但他们每一个举动，每一缕思维，每一段谈话，都反映出心理的进展。两次叔嫂调情的场面，不仅是那种造型美显得动人，还综合着含蓄、细腻、朴素、强烈、抑止、大胆，这许多似乎相反的优点。每句说话都是动作，每个动作都是说话。即在没有动作没有言语的场合，情绪的波动也不曾减弱分毫。例如，童世舫与长安订婚以后：

……两人并排在公园里走着，很少说话，眼角里带着一点对方的衣服与移动着的脚，女子的粉香，男子的淡巴菰气，这单纯而可爱的印象，便是他们的阑干，阑干把他们与大众隔开了。空旷的绿草地上，许多人跑着，笑着，谈着，可是他们走的是寂寂的绮丽的回廊——走不完的寂寂的回廊。不说话，长安并不感到任何缺陷。

还有什么描写，能表达这一对不调和的男女的调和呢？能写出这种微妙的心理呢？和七巧的爱情比照起来，这是平淡多了，恬静多了，正如散文、牧歌之于戏剧。两代的爱，两种的情调。相同的是温暖。

至于七巧磨折长安的几幕，以及最后在童世舫前毁谤女儿来离间他们的一段，对病态心理的刻画，更是令人“毛骨悚然”的精彩文章。

第二是作者的节略法（raccourci）的运用：

风从窗子里进来，对面挂着的回文雕漆长镜被吹得摇摇晃晃。磕托磕托敲着墙。七巧双手按住了镜子。镜子里反映着翠竹帘子和一幅金绿山水屏条依旧在风中来回荡漾着，望久了，便有一种晕船的感觉。再定睛看时，翠竹帘子已经褪色了，金绿山水换了张丈夫的遗像，镜子里的人也老了十年。

这是电影的手法：空间与时间，模模糊糊淡下去了，又隐隐约约浮上来了。巧妙的转调技术！

第三是作者的风格。这原是首先引起读者注意和赞美的部分。外表的美永远比内在的美容易发现。何况是那么色彩鲜明，收得住、泼得出的文章！新旧文字的糅合，新旧意境的交错，在本篇里正是恰到好处。仿佛这利落痛快的文字是天造地设的一般，老早摆在那里，预备来叙述这幕悲剧的。譬喻的巧妙，形象的入画，固是作者风格的特色，但在完成整个作品上，从没像在这篇里那样地尽其效用。例如，“三十年前的上海，一个有月亮的晚上……年轻的人想着三十年前的月亮，该是铜钱大的一个红黄的湿晕，像朵云轩信笺上落了一滴泪珠，陈旧而迷糊。老年人回忆中的三十年前的月亮是欢愉的，比眼前的月亮大、圆、白，然而隔着三十年的辛苦路往回看，再好的月色也不免带些凄凉”。

这一段引子，不但月的描写是那么新颖，不但心理的观察是那么深入，而且轻描淡写地呵成了一片苍凉的气氛，从开场起就罩住了全篇的故事人物。假如风格没有这综合的效果，也就失掉它的价值了。

毫无疑问，《金锁记》是张女士截至目前的最完满之作，颇有《猎人日记》中某些故事的风味。至少也该列为我们文坛最美的收获之一。没有《金锁记》，本文作者绝不在下文把《连环套》批评得那么严厉，而且根本不会写这篇文字。

《倾城之恋》

一个“破落户”家的离婚女儿，被穷酸兄嫂的冷嘲热讽撵出母家，跟一个饱经世故、狡猾精刮的老留学生谈恋爱。正要陷在泥淖里时，一件突发震动世界的变故把她救了出来，得到一个平凡的归宿。——整篇故事可以用这一两行概括。因为是传奇（正如作者所说），没有悲剧的严肃、崇高和宿命性；光暗的对照也不强烈。因为是传奇，情欲没有惊心动魄的表现。几乎占到二分之一篇幅的调情，尽是些玩世不恭的享乐主义者的精神游戏：尽管那么机巧、文雅、风趣，终究是精练到近乎病态的社会的产物。好似六朝的骈体，虽然珠光宝气，内里却空空洞洞，既没有真正的欢畅，也没有刻骨的悲哀。

《倾城之恋》给人家的印象，仿佛是一座雕刻精工的翡翠宝塔，而非哥特式大寺的一角。美丽的对话，真真假假的捉迷藏，都在心的浮面飘滑；吸引，挑逗，无伤大体的攻守战，遮饰着虚伪。男人是一片空虚的心，不想真正找着落的心，把恋爱看作高尔夫与威士忌中间的调剂。女人整日担忧着最后一些资本——三十岁左右的青春——再吃一次倒账；物质生活的迫切需求，使她无暇顾到心灵。这样的一幕喜剧，骨子里的贫血，充满了死气，当然不能有好结果。疲乏、厌倦、苟且、浑身小智小慧的人，担当不了悲剧的角色。麻痹的神经偶尔抖动一下，居然探头瞥见了一角未来的历史。病态的人有他特别敏锐的感觉：

……从浅水湾饭店过去一截子路，空中飞跨着一座桥梁，桥那边是山，桥这边是一块灰砖砌成的墙壁，拦住了这边的山……柳原看着她道："这堵墙，不知为什么使我想起地老天荒那一类的话……有一天，我们的文明整个地毁掉了，什么都完了——烧完了，炸完了，坍完了，也许还剩下这堵墙。流苏，如果我们那时候再在这墙跟底下遇见了……流苏，也许你会对我有一点真心，也许我会对你有一点真心。"

好一个天际辽阔，胸襟浩荡的境界！在这中篇里，无异平凡的田野中，忽然显现出一片无垠的流沙。但也像流沙一样，不过动荡着显现了一刹那。等到预感的毁灭真正临到了，完成了，范柳原的神经却只在麻痹之上多加了一些疲倦。从前一刹那的觉醒早已忘记了。他从没再加思索。连终于实现了的"一点真心"也不见得如何可靠。只有流苏，劫后舒了一口气，淡淡地浮起一些感想：

流苏拥被坐着，听着那悲凉的风。她确实知道浅水湾附近，灰砖砌的那一面墙，一定还屹然站在那里……她仿佛做梦似的，又来到墙根，迎面来了柳原……在这动荡的世界里，钱财，地产，天长地久的一切，全不可靠了。靠得住的只有她腔子里的这口气，还有睡在她身边的这个人。她突然爬到柳原身边，隔着他的棉被拥抱着他。他从被窝里伸出手来握住她的手。他们把彼此看得透明透亮。仅仅是一刹那彻底的谅解，然而这一刹那够他们在一起和谐地活个十年八年。

两人的心理变化，就只这一些。方舟上的一对可怜虫，只有“天长地久的一切，全不可靠了”这样淡漠的惆怅。倾城大祸（给予他们的痛苦实在太少，作者不曾尽量利用对比），不过替他们收拾了残局；共患难的果实，“仅仅是一刹那彻底的谅解”，仅仅是“活个十年八年”的念头。笼统的感慨，不彻底的反省。病态文明培植了他们的轻佻，残酷的毁灭使他们感到虚无、幻灭。同样没有深刻的反应。

而且范柳原真是一个这么枯涸的（fade）人吗？关于他，作者为何从头至尾只写侧面？在小说中他不是应该和流苏占着同等地位，是第二主题吗？他上英国去的用意，始终暧昧不明；流苏隔被拥抱他的时候，当他说，“那时候太忙着谈恋爱了，哪里还有工夫恋爱”的时候。他竟没进一步吐露真正切实的心腹。“把彼此看得透明透亮”，未免太速写式地轻轻带过了。可是这里正该是强有力的转折点，应该由作者全副精神去对付的啊！错过了这最后一个高峰，便只有平凡的、庸碌鄙俗的下山路了。柳原宣布登报结婚的消息，使流苏快活得一会儿哭一会儿笑，柳原还有那种 cynical 的闲适去“羞她的脸”；到上海以后，“他把他的俏皮话省下来说给旁的女人听”；由此看来，他只是一个暂时收了心的唐·裘安，或是伊林华斯勋爵一流的人物。

“他不过是一个自私的男子，她不过是一个自私的女人。”但他们连自私也没有迹象可循。“在这兵荒马乱的时代，个人主义者是无处容身的。可是总有地方容得下一对平凡的夫妻。”世界上有的是平凡，我不抱怨作者多写了一对平凡的人。但战争使范柳原恢复了一些人性，使把婚姻当职业看的流苏有一些转变（光是觉得靠得住的只有腔子里的气和身边的这个人，是不够说明她的转变的），也不能算是怎样地不平凡。平凡并非没有深度的意思。并且人物的平凡，只应该使作品不平凡。显然，作者把她的人物过于匆促地送走了。

勾勒得不够深刻，是因为对人物思索得不够深刻，生活得不够深刻；并且作品的重心过于偏向俏皮而风雅的调情。倘再从小节上检视一下的话，那么，流苏“没念过两句书”而居然够得上和柳原针锋相对，未免是个大漏洞。离婚以前的生活经验毫无追叙，使她离家以前和以后的思想引动显得不可解。这些都减少了人物的现实性。

总之，《倾城之恋》的华彩胜过了骨干：两个主角的缺陷，也就是作品本身的缺陷。

短篇和长篇

恋爱与婚姻，是作者至此为止的中心题材；长长短短六七件作品，只是 variations upon a theme。遗老遗少和小资产阶级，全为男女问题这恶梦所苦。恶梦中老是霪雨连绵的秋天，潮腻腻的，灰暗，肮脏，窒息与腐烂的气味，像是病人临终的房间。烦恼，焦急，挣扎，全无结果。恶梦没有边际，也就无从逃避。零星的磨折，生死的苦难，在此只是无名的浪费。青春，热情，幻想，希望，都没有存身的地方。川嫦的卧房，姚先生的家，封锁期的电车车厢，扩大起来便是整个的社会。一切之上，还有一只瞧不及的巨手张开着，不知从哪儿重重地压下来，要压瘪每个人的心房。这样一幅图画印在劣质的报纸上，线条和黑白的对照迷糊一些，就该和张女士的短篇气息差不多。

什么要用这个譬喻？因为她阴沉的篇幅里，时时渗入轻松的笔调，俏皮的口吻，好比一些闪烁的磷火，教人分不清这微光是黄昏还是曙色。有时幽默的分量过了分，悲喜剧变成了趣剧。趣剧不打紧，但若沾上了轻薄味（如《琉璃瓦》），艺术就给摧残了。

明知挣扎无益，便不挣扎了。执着也是徒然，便舍弃了。这是道地的东方精神。明哲与解脱；可同时是卑怯，懦弱，懒惰，虚无。反映到艺术品上，便是没有波澜的寂寂死气，不一定有美丽而苍凉的手势来点缀。川嫦没有和病魔奋斗，没有丝毫意志的努力。除了向世界遗憾地投射一眼，她连抓住世界的念头都没有。不经战斗地投降。自己的父母与爱人对她没有深切的留恋。读者更容易忘记她。而她还是许多短篇中（《心经》一篇只读到上半篇，九月期《万象》遍觅不得，故本文特置不论。好在这儿写的不是评传，挂漏也不妨）刻画得最深的人物！

微妙尴尬的局面，始终是作者最擅长的一手。时代、阶级、教育、利害观念完全不同的人相处在一块儿时所有暧昧含糊的情景，没有人比她传达得更真切。各种心理互相摸索，摩擦，进攻，闪避，显得那么自然而风趣，好似古典舞中一边摆着架势（figute）一边交换舞伴那样轻盈，潇洒，熨帖。这种境界稍有过火或稍有不及，《封锁》与《年轻的时候》中细腻娇嫩的气息就要给破坏，从而带走作品全部的魅力。然而这巧妙的技术，本身不过是一种迷人的奢侈；倘使不把它当作完成主题的手段（如《金锁记》中这些技术的作用），那么，充其量也只能制造一些小古董。

在作者第一个长篇只发表了一部分的时候就来批评，当然是不免唐突的。但其中暴露的缺陷的严重，使我不能保持谨慎的缄默。

《连环套》的主要弊病是内容的贫乏。已经刊布了四期，还没有中心思想显露。霓喜和两个丈夫的历史，仿佛是一串五花八门、西洋镜式的小故事杂凑而成的。没有心理的进展，因此也看不见潜在的逻辑，一切穿插都失掉了意义。雅赫雅是印度人，霓喜是广东养女：这两点似乎应该是《第一环》的主题所在。半世纪前印度商人对中国女子的看法，即使逃不出玩物二字，难道竟没有旁的特殊心理？他是殖民地种族，但在香港和中国人的地位不同，再加是大绸缎铺子的主人。可是《连环套》中并无这二三个因素错杂的作用。养女（而且是广东的养女）该有养女的心理，对她一生都有影响。一朝移植之后，势必有一个演化蜕变的过程；绝不会像作者所写的，她一进绸缎店，仿佛从小就在绸缎店里长大的样子。我们既不觉得雅赫雅买的是一个广东养女，也不觉得广东养女嫁的是一个印度富商。两个典型的人物都给中和了。

错失了最有意义的主题，丢开了作者最擅长的心理刻画，单凭着丰富的想象，逞着一支流转如踢踏舞似的笔，不知不觉走上了纯粹趣味性的路。除开最初一段，越往后越着重情节：一套又一套的戏法（我几乎要说是噱头），突兀之外还要突兀，刺激之外还要刺激，仿佛作者跟自己比赛似的，每次都要打破上一次的纪录，像流行的剧本一样，也像歌舞团里接一连二的节目一样，教读者眼花缭乱，应接不暇。描写色情的地方（多的是），简直用起旧小说和京戏——尤其是梆子戏——中最要不得而最叫座的镜头！《金锁记》的作者竟不惜用这种技术来给大众消闲和打哈哈，未免太出人意外了。

至于人物的缺少真实性，全都弥漫着恶俗的漫画气息，更是把 taste“看成了脚下的泥”。首先，西班牙女修士的行为，简直和中国从前的三姑六婆一模一样。我不知半世纪前香港女修院的清规如何，不知作者在史实上有何根据；但她所写的，倒更近于欧洲中世纪的丑史，而非她这部小说里应有的现实。其次，她的人物不是外国人，便是广东人。即使地方色彩在用语上无法积极地标识出来，至少不该把纯粹《金瓶梅》《红楼梦》的用语，硬嵌入西方人和广东人嘴里。这种错乱得可笑的化装，真乃不可思议。

风格也从没像在《连环套》中那样自贬得厉害。节奏，风味，品格，全不讲了。措辞用语，处处显出“信笔所之”的神气，甚至往腐化的路上走。《倾城之恋》的前半篇，偶尔已看到“为了宝络这头亲，却忙得鸦飞雀乱，人仰马翻”的套语；幸而那时还有节制，不过小疵而已。但到了《连环套》，这小瑕疵竟越来越多，像流行病的细菌一样了；——“两个嘲戏做一堆”，“是那个贼囚根子在他跟前……”，“一路上凤尾森森，香尘细细”，“青山绿水，观之不足，看之有余”，“三人分花拂柳”，

“衔恨于心，不在话下”，“见了这等人物，如何不喜”，“……暗暗点头，自去报信不提”，“他触动前情，放出风流债主的手段”，“有话即长，无话即短”，“那内侄如同箭穿雁嘴，钩搭鱼腮，作声不得”……这样的滥调，旧小说的渣滓，连现在的鸳鸯蝴蝶派和黑幕小说家也觉得恶俗而不用了，而居然在这里出现。岂不也太像奇迹了吗?

在扯了满帆，顺流而下的情势中，作者的笔锋“熟极而流”，再也把不住舵。《连环套》逃不过刚下地就夭折的命运。

结　论

我们在篇首举出一般创作的缺陷，张女士究竟填补了多少呢？一大部分，也是一小部分。心理观察，文字技巧，想象力，在她都已不成问题。这些优点对作品真有贡献的，却只《金锁记》一部。我们固不能要求一个作家只产生杰作，但也不能坐视她的优点把她引入危险的歧途，更不能听让新的缺陷去填补旧的缺陷。

《金锁记》和《倾城之恋》，以题材而论似乎前者更难处理，而成功的却是那更难处理的。在此见出作者的天分和功力。并且她的态度，也显见对前者更严肃，作品留在工场里的时期也更长久。《金锁记》的材料大部分是间接得来的：人物和作者之间，时代、环境、心理，都距离甚远，使她不得不丢开自己，努力去生活在人物身上，顺着情欲发展的逻辑，尽往第三者的个性里钻。于是她触及了鲜血淋漓的现实。

至于《倾城之恋》，也许因为作者身经危城劫难的印象太强烈了。自己的感觉不知不觉过量地移注在人物身上，减少了客观探索的机会。她和她的人物同一时代，更易混入主观的情操。还有那漂亮的对话，似乎把作者首先迷住了：过度地注意局部，妨害了全体的完成。只要作者不去生活在人物身上，不跟着人物走，就免不了肤浅之病。

小说家最大的秘密，在能跟着创造的人物同时演化。生活经验是无穷的。作家的生活经验怎样才算丰富是没有标准的。人寿有限，活动的环境有限；单凭外界的材料来求生活的丰富，绝不够成为艺术家。唯有在众生身上去体验人生，才会使作者和人物同时进步，而且渐渐超过自己。巴尔扎克不是在第一部小说成功的时候，就把人生了解得那么深、那么广的。他也不是对贵族、平民、劳工、富商、律师、诗人、画家、荡妇、老处女、军人……那些种类万千的人的心理，分门别类地一下子都研究明白，了如指掌之后，然后动笔写作的。

现实世界所有的不过是片段的材料，片段的暗示经小说家用心理学家的眼光、科学家的耐心、宗教家的热诚，依照严密的逻辑推索下去，忘记了自我，化身为故事中的角色（还要走多少回头路，白花多少心力），陪着他们做身心的探险，陪他们笑，陪他们哭，才能获得作者实际未曾经历的经历。一切的大艺术家就是这样一面工作一面学习的。这些平凡的老话，张女士当然知道。不过作家所遇到的诱惑特别多，也许旁的更悦耳的声音，在她耳畔盖住了老生常谈的单调声音。

技巧对张女士是最危险的诱惑。无论哪一部门的艺术家，等到技巧成熟过度，成了格式，就不免要重复他自己。在下意识中，技能像旁的本能一样时时骚动着，要求一显身手的机会，不问主人胸中有没有东西需要它表现。结果变成了文字游戏。写作的目的和趣味，仿佛就在花花絮絮的方块字的堆砌上。任何细胞过度地膨胀，都会变成癌。其实，彻底地说，技巧也没有止境。一种题材，一种内容，需要一种特殊的技巧去适应。所以真正的艺术家，他的心灵探险史，往往就是和技巧的战斗史。人生形象之多，岂有一两套衣装就够穿戴之理？把握住了这一点，技巧永久不会成癌，也就无所谓危险了。

文学遗产的记忆过于清楚，是作者另一危机。把旧小说的文体运用到创作上来，虽在适当的限度内不无情趣，究竟近于玩火，一不留神，艺术会给它烧毁的。旧文体的不能直接搬过来，正如不能把西洋的文法和修辞直接搬用一样。何况俗套滥调，在任何文字里都是毒素！希望作者从此和它们隔离起来。她自有她净化的文体。《金锁记》的作者没有理由往后退。聪明机智成了习气，也是一块绊脚石。王尔德派的人生观和东方式的“人生朝露”的腔调混合起来，是没有前程的。它只能使心灵从洒脱而空虚而枯涸，使作者离开艺术，离开人，埋葬在沙龙里。

我不责备作者的题材只限于男女问题。但除了男女，世界究竟还辽阔得很。人类的情欲不仅限于一两种。假如作者的视线改换一下角度，也许会摆脱那种淡漠的贫血的感伤情调；或者痛快成为一个彻底的悲观主义者，把人生剥出一个血淋淋的面目来。我不是鼓励悲观。但心灵的窗子不会嫌开得太多，因为可以免除单调与闭塞。

总而言之，才华最爱出卖人！像张女士般有多方面的修养而能充分运用的作家（绘画、音乐、历史的运用，使她的文体特别富丽动人），单从《金锁记》到《封锁》，不过如一杯兑过几次开水的龙井，味道淡了些。即使如此，也嫌太奢侈、太浪费了。但若取悦大众（或只是取悦自己来满足技巧欲——因为作者可能谦抑地说：我不过写着玩儿的）到写日报连载小说（fluilleton）的所谓 fiction 的地步，那样地倒车开下去，老实说，有些不堪设想。

宝石镶嵌的图画被人欣赏，并非为了宝石的彩色。少一些光芒，多一些深度，少一些辞藻，多一些实质：作品只会有更完满的收获。多写，少发表，尤其是服侍艺术最忠实的态度。（我知道作者发表的绝非她的处女作，但有些大作家早年废弃的习作，有三四十部小说从未问世的记录）文艺女神的贞洁是最宝贵的，也是最容易被污辱的。爱护她就是爱护自己。

一位旅华数十年的外侨和我闲谈时说起："奇迹在中国不算稀奇，可是都没有好收场。"但愿这两句话永远扯不到张爱玲女士身上！

读剧随感

傅　雷

决心给《万象》写些关于戏剧的稿件，是好久以前的事了。因为笔涩，疏懒，一直迁延到现在。朋友问起来呢，老是回答他：写不出。写不出是事实，但一部分，也是推诿。文章有时候是需要逼一下的，倘使不逼，恐怕就永远写不成了。

这回提起笔来，又是一番踌躇：写什么好呢？题目的范围是戏剧，自己对于戏剧又知道些什么呢？自然，我对“专家”这个头衔并不怎样敬畏，有些“专家”，并无专家之实，专家的架子却十足，动不动就引经据典，表示他对戏剧所知甚多，也就是封住有些不知高下者的口。意思是说，你们知道些什么呢？也配批评我吗？这样，专家的权威就保了险了。前些年就有这样的“专家”，在报纸上发表文章，号召建立所谓“全面的”剧评：剧评不但应该是剧本之评，而且灯光、装置、道具、服装、化妆……举凡有关演出的一切，都应该无所不包地加以评骘。可惜那篇文章发表之后，“全面的”剧评似乎至今还是影踪全无。我倒抱着比较偷懒的想法，以为“全面”云云不妨从缓，首先是对于作为文艺一部门之戏剧须有深切的认识，这认识，是决定一切的，我所考虑的，也就是这个认识的问题。

平时读一篇剧本，或者看一个戏剧的演出，断片地也有过许多印象和意见。后来，看到报上的评论，从自己一点出发——也有过对于这些评论的意见。但是，提起笔来，又有点茫茫然了。从苏联稗贩来的似是而非的理论，我觉得失之幼稚；装腔作势的西欧派的理论，我又嫌它抓不着痒处。自己对于戏剧的见解究竟如何呢？一时又的确回答不上来。

然而，文章不得不写。没有法子，只好写下去再说。

这里，要申明的，第一，所论只限于剧本，题目冠以“读剧”二字，以示不致掠“专家”之美；第二，所说皆不成片段，故谓之“随感”，意云想到哪里，写到哪里也。

释题即意，请入正文。

一、不是止于反对噱头

战后，话剧运动专注意“生意眼”，脱离了文艺的立场很远（虽然营业蒸蒸日上，竟可以和京戏、绍兴戏媲美），这是众所周知的事实。特别是《秋海棠》演出以后，这种情形更为触目，以致使一部分有心人慨叹起来，纷纷对于情节戏和清唱噱头加以指摘。综其大成者为某君一篇题为“圮忧”的文章，里面除了对明星制的抨击，主要提出了目前话剧倾向上两点病象：一曰“闹剧第一主义”，一曰演出“杂耍化”。

刚好手头有这份报纸，免得我重新解释，就择要剪贴在下面：

“闹剧第一主义”

其实，这是一句老生常谈的话，不过现在死灰复燃，益发白热化罢了。主要我想这是基于商业上的要求；什么类型的观众最欢迎？这当然是剧团企业化后的先决问题。于是适应这要求，剧作家大多屈尊就辱。放弃了他们的“人生派”或“艺术派”的固守的主见，群趋“闹剧”（melodrama）的一条路上走去，因为只有这玩意儿：情节曲折，剧情热闹，苦——苦个痛快，死——死个精光，不求合理，莫问个性。观众看了够刺激，好在他们跑来求享受或发泄；自己写起来也方便，只要竭尽“出奇”和“噱头”的能事！

……岂知这种荒谬的无原则的“闹剧第一主义”，不仅断送了剧艺的光荣的史迹，阻碍了演出和演技的进步，使中国戏剧团堕入万劫不复的深渊，嗣后只有等而下之，不会再向上发展一步，同时可能得到“争取观众”的反面——赶走真正热心拥护它的群众，因之，作为一个欣赏剧艺的观众，今后要想看一出有意义的真正的悲剧或喜剧，恐怕也将不可能了！

演出“杂耍化”

近年来，剧人们确是进步了，懂得观众心理，能投其所好。导演们也不甘示弱，建立了他们的特殊的功绩，这就是演出“杂耍化”。安得列夫的名著里，居然出现了一段河南杂耍，来无影去无踪，博得观众一些愚昧的哄笑！其间，穿串些什么象舞、牛舞、马舞——纯好莱坞电影的无聊的噱头。最近，话剧里插京剧，似乎成了最时髦的玩意儿，于是清唱，插科打诨，锣鼓场面，彩排串戏……甚至连夫子庙里的群芳会唱都搬上了舞台，兴之所至，再加上这么一段昆曲或大鼓，如果他们想到申曲或绍兴戏，又何尝安插不上？我相信不久的将来，连科天影的魔术邓某某的绝技，何什么的扯铃……独角戏，口技，或草裙舞等，都有搬上舞台的可能，这样，观众花了一次代价，看了许多有兴味的杂耍，岂不比上游戏场还更便宜，经济！……

上面所引，大部分我是非常同感的。但我以为，光是这样指出，还是不够。固然，“闹剧第一”和“杂耍化”等都是非常要不得的，但我想反问一句：不讲情节，不加噱头，难道剧本一定就“要得”了吗？那又不尽然。

在上文作者没有别的文章可以被我征引之前，我不敢说他的文章一定有毛病，但至少是不充分的。

一个非常明显的破绽，他引《大马戏团》里象舞、牛舞、马舞为演出“杂耍化”做佐证，似乎就不大妥当。事实如此，《大马戏团》是我一二年来看到的少数满意戏中的一个，这样的戏而被列为抨击的对象，未免不大公允。也许说的不是剧本，但导演有什么引起公愤的地方呢？加了象舞、牛舞、马舞，不见得就破坏了戏剧的统一情调。演员所表达的“惜别”的气氛不大够，这或许是事实，但这绝不是导演手法的全盘失败。同一导演在《阿Q正传》中所用的许多样式化（可以这样说吗？）手法，说实话，我是不大喜欢的。我对《大马戏团》的导演并无袒护之处，该文作者将《大马戏团》和《秋海棠》等戏并列，加以攻击，我总觉得不能心服。

然而，抱有这样理论的人，却非常之多。手头没有材料，就记忆所及，就有某周刊上“一年来”的文章，其中列为一年来好戏者有四五个，固然，《称心如意》是我所爱好的，其余几个，我却不但不以为好戏，而且对之反感非常之深。我奇怪：“一年来”的作者为什么欣赏《称心如意》呢？外国人的虚构而被认为“表现大地气息”，外国三四流的作品而被视作“社会教化名剧”……抱有这样莫名其妙的文艺观的人，他对《称心如意》是否真的欣赏呢？其理解是否真的理解呢？在这些地方，我不免深于世故而有了坏的猜测。我想一定是为了《称心如意》中没有曲折情节或京剧清唱之故。这样，就成了为“反对”而反对。对恶劣倾向的反对的意义也就减弱了。

我并不拥护噱头。相反，我对噱头有同样深的厌恶。但是，我想提起大家注意，这样一窝蜂地去反对噱头是不好的。我们不应该止于反对噱头，我们得更进一步，加深对戏剧的文学认识，加深对人物性格的把握。一篇乌七八糟的充文艺的作品，并不一定比噱头戏强多少。反之，如果把噱头归纳成几点，挂在城门口，画影图形起来，说：凡这样的，就是坏作品，那倒是滑天下之大稽的。

二、内容与技巧孰重

新文艺运动上一个永远争论，但是永远争论不出结果来的问题——需要不需要“意识”？或者换一种说法：内容与技巧孰重？

对这问题，一向是有三种非常单纯的答案。

第一，主张意识（内容——他们以为）超于一切的极左派；

第二，主张技巧胜于一切的极右派；

第三，主张内容与技巧并重的折中派。

其中，第二种技巧论是最落伍的一种。目前，它的公开的拥护者差不多已经绝迹，但“成名作家”躲在它的羽翼下的，还是非常之多。第一种最时髦，也最简便，它像前清的官吏，不问青红皂白，把犯人拉上堂来打屁股三十了事，口中念念有词，只要背熟一套“意识”呀，“社会”呀的江湖诀就行。第三种更是四平八稳，“意识要，技巧也要”，而实际只是从第一派支衍出来的调和论而已。

说得刻薄点，这三派其实都是“瞎子看匾”，争论了半天，匾根本还没有挂出来哩。第一、第三派的理论普遍，刊物上，报纸上到处可以看到不少。这一点，如《海国英雄》上演时有人要求添写第五幕以示光明之到来，近则有某君评某剧“……主人公之恋爱只写到了如‘罗亭’一样而缺乏‘前夜’的写实”云云的妙语。尤其有趣的，是两个人对《北京人》的两种看法，一个说它表达出了返璞归真的“意识”——好！一个又说它表达出了茹毛饮血的“意识”——不好！这哪里是在谈文艺？简直是小学生把了笔在写描红格，写大了不好，写小了不好，写正了不好，写歪了也不好。总之，不能跳出批评老爷们所“钦定”的范围才谓之“好”。可惜批评老爷们的意见又是这样歧异，两个人往往就有两种不同的批示！

写到这里，我不禁又要问一句了：譬如《海国英雄》吧，左右是那么一出戏，加了第五幕怎样？不加第五幕又怎样呢？难道一个“尾巴”的去留就能决定一篇作品价值之高下吗？《北京人》是一部好作品，有优点，也有缺点，但是，优点就在返璞归真，缺点就在茹毛饮血吗?

光明尾巴早已是被申斥了的，但这种理论是残余，却还一直深印在人们的脑海，久久不易拔去。人们总是要求教训——直接的单纯的教训（此前些年“历史剧”之所以煊赫一时也）。《秋海棠》的观众们（大概是些小姐太太之流）要求的是善恶分明的伦理观念，戏子可怜，姨太太多情，军阀及其走狗可恶……前进派的先生们看法又不同了，但是所要求的伦理观念还是一样，戏子姨太太不过换了“到远远的地方去……”的革命青年罢了。

我这样说，也许有人觉得过分。前进派的批评家到底不能和姨太太小姐并提呀！自然，前者在政治认识上的进步，是不容否认的。但是，政治认识尽管“正确”，假使没有把握住文艺的本质，也还是徒然。这样的批评家是应该淘汰的。这样的批评家孵育下所产生的文艺作家，更应该被淘汰。

现在要说到第二派了。前面说过，他们的理论是非常落伍的。目下凡是一些不自甘于落伍的青年，大多一听见他们的理论就要头痛。但是，我又要说一句不合时流的话：这也不能一概而论。唯技巧论是应该反对的，但也得看你拿什么来反对。如果为了反技巧而走入标语口号或比标语口号略胜一筹的革命伦理剧，那正是单刀换双鞭，半斤对八两，我以为殊无从判别轩轾。

总括地说，第一、第三派的毛病是根本不知文艺为何物，第二派的毛病则在日亲王尔德、莫里哀等人作品，同样没有认清楚这些作家的真面目——至多只记熟一些警句，以自炫其博学而已。

那么，文艺到底是什么东西呢?

第一，它的构成条件绝不是一般人所说的政治“意识”。历史上许多伟大的文艺作家，他们的意识未必都“正确”，甚至有好些非常成问题的。

第二，也绝不是为了他们技巧好，场面安排得紧凑，或者对白写得“帅”。事实上，有许多伟大作家是不讲辞藻的，而中国许多斤斤于修辞锻句的作家，其在文学上的成就，却非常可怜（这里得补充一点，技巧倘指均衡、谐和、节奏……所构成的那整个的艺术效果而言，自然我也不反对，文体冗长如陀思妥耶夫斯基。他的作品还是保持着一定的基调的。但这，与其说陀氏的技巧如何如何好，倒不如说他作品里另外有感人的东西在）。

第三，当然更不是因为什么意识与技巧之“辩证法的统一”。这些人大言不惭地谈辩证法，其实是在辩证法的旗帜下偷贩着机械论的私货。

曹禺的成功处，是在他意识的正确吗？技术的圆熟吗？或者此二者的机械的糅合吗？都不是的。拿《北京人》来说，愫芳一个人在哭，陈奶妈进来，安慰她……这样富有感情的场面，我们可以说一句：是好场面。前进作家写得出来吗？艺术大师写得出来吗？曹禺写出来了，那就是因为曹禺蘸着同情的泪深入了曾文清、曾思懿、愫芳等人的生活。意识需要吗？需要的。但绝不是一般人所说的那种单纯的政治“意识”。**决定一件艺术品优胜劣败的，说了归齐，乃是通过文艺这个角度反映出来的——作家对现实之认识。**

这里，就存在一切大作家成功的秘诀。

作品不是匠人的东西。在任何场合，它都展示给我们看作家内在的灵魂。当我们读一篇好作品时，眼泪不能抑制地流了下来，但是还不得不继续读下去，我们完全被作品里人物的命运抓住了。这样，一直到结束，为哭泣所疲倦，所征服，我们禁不住从心窝里感谢作者——是他，使我们的胸襟扩大，澄清，想抛弃了生命去爱所有的人！……

在这种对比之下，字句雕琢者、文字游戏者以及“打肿脸充胖子”的口头革命家之流，岂不要像浪花一样显得生命之渺小吗？

三、关于“表现上海”

大约三年前吧，正是大家喊着“到远远的地方去……”（或者“大明朝万岁”之类）沉醉于一些空洞的革命词句的时候。“表现上海”的口号提出来了。

但是，结果如何呢？还是老毛病：大家只顾得“表现上海”，却忘记从人物性格、人与人的关系上去表现上海了。比“到远远的地方去……”或者“大明朝万岁”自然实际多了，这回的题材尽是些囤米啦，投机啦……之类，但人物同样是架空的、虚构的。这样的作家，我们只能说他是观念论者，不管他口头上“唯物论，唯物论……”喊得多起劲。

发展到极致，更造成了“烦琐主义”的倾向（名词是我杜造的）。这在戏剧方面，表现得最显明。黄包车夫伸手要钱啦，分头不用，用分头票啦，铁丝网啦，娘姨买小菜啦……上海气味诚然十足，但我不承认这是作家对现实的透视。相反，这只是小市民对现实的追随。《吴友如画宝》现在是很难买到了。里面就有这样的图文：《拔管灵方》，意谓将臭虫捣烂，和以面粉，插入肛门，即能治痔疮。图上并画出一张大而圆的屁股来，另一人自后将药剂插入。另有二幅，一题《医生受毒》，一题《粪淋娇客》，连呕吐的龌龊东西以及尿粪都一并画在图上。我人看后，知道清末有这样的风俗传说，对民俗学的研究上不能说绝无裨助，然而艺术云乎哉！

我不想拿《吴友如画宝》和某些表现上海的作品比拟，从而来糟蹋那些作品的作者。我只是指出文学上“冷感症”所引起的许多坏结果，希望大家予以反省而已。

这许多病象，现在还存在不存在呢？还存在的。谓余不信，不妨随手举几个例子：

第一，“关灯，关灯，空袭警报来啦”，戏中颇多这样的噱头。这不显明地是“烦琐主义”的重复吗？这和整个的戏有什么关系呢？由此可以帮助观众了解上海的什么呢？

第二，关于几天内雪茄烟价格的变动，作者调查得非常仔细，并有人在特刊上捧之为“新写实主义”的典范。作者的心血，我们当然不可漠视，但也得看看心血花在了一些什么地方。如果新写实主义者只能为烟草公司制造一张统计表，那么，我宁取“旧写实主义”。

第三，对话里面硬加许多上海白，如“自说自话”“搅搅没关系”等，居然又有“唯一的诗情批评家”之某君为之吹嘘；“活的语言在作家笔下开了花了……”云云。这实在让人听了不舒服。比之作者，我是更对这些不负责任的批评家不满的。捧场就捧场得了，何苦糟蹋“新写实主义”“活的语言”呢？

这类例子，实在是举不胜举。而这意见的出入，就在对“现实”两个字的诠释。

我对企图表现上海的作家的努力，敬致无上的仰慕。但有一点要请求他们注意：勿卖弄才情，或硬套公式，或像《子夜》一样，先有了一番中国农村崩溃的理论再来“制造”作品。而是得颠倒过来：**热烈地先去生活，在生活里，把到现在为止只是书斋的理论加以深化，糅合着作者的血泪，再拿来再现在作品中。**

且慢谈表现什么，或者给观众带回去什么教训。只要作者真有要说的话，作者能自身也参加在里面，和作品里的人物一同哭，一同受难，有许多话自然而然地奔赴笔尖，一个字一个字，像活的东西一样蹦跳到纸上，那便是好作品的保证。也只有那样，才能真到“表现”出一些什么东西来。

什么都是假的。**决定一件艺术品的品格的，就是作者自身的品格。**

四、论鸳鸯蝴蝶派小说之改编

鉴于《秋海棠》卖座之盛，张恨水的小说也相继改编上演了。姑无论改编者有怎样的口实，至少动机是为了“生意眼”，那是不可否认的。其实“生意眼”也不是什么可耻的事，只要是对得起良心的生意就成。

张恨水的小说改编得如何，不在本文讨论之列。本文只想对鸳鸯蝴蝶派作简单的评价。既有评价，鸳鸯蝴蝶派之是否值得改编以及应该怎样改编，就可任凭读者去想象了。

对于《秋海棠》，说实话，我是没有好感的——虽然秦瘦鸥自己不承认《秋海棠》是鸳鸯蝴蝶。张恨水就不同了。我始终认为他是鸳鸯蝴蝶派中较有才能的一个。在体裁上，也许比秦瘦鸥距离新文艺更远（如章回体，用语之陈腐等），但这都没有关系，主要在处理人物的态度上，他是更为深刻，更为复杂的。因此一点，也就值得我们向他学习。

张恨水的小说我看得并不多。有许多也许是非常无聊的。但读了《金粉世家》之后，使我对他一直保持着相当的崇敬，甚至觉得还不是有些新文艺作家所能企及于万一的。在这部刻画大家庭崩溃没落的小说中，他已经跳出了鸳鸯蝴蝶派传统的圈子，进而深入对人物性格的刻画。

然而张恨水的成功只是到此为止。我不想给予他过高的估价。

最近，刊物上开始有人丑诋所谓“新文艺腔”了。新文艺腔也许真有，亦未可知，但那种一笔抹杀的态度，窃未敢引为同调。一位先生引了萧军小说中一段描写，然后批道：全篇废话！其实用八个字就可以说完（大概是“日落西山”“大雪纷飞”之类非常笼统的话，详细已忘）。这是历史的倒退，在他们看来，新文艺真不如《水浒传》《三国志》了。

萧军行文非常疙瘩，且有故意学罗宋句法之嫌。但这不能掩盖他其余的优点。

同样，张恨水对生活的确熟悉之至，但这许多优点，却不能掩盖他主要的弱点——他对生活的看法，到底，不免鸳鸯蝴蝶气啊！

鸳鸯蝴蝶的特点到底是什么呢？

我以为那就是“小市民性”。

张恨水是完全小市民的作家。他写金家的许多人物，父母、子女、兄弟、妯娌、姑嫂……以及金家周围的许多亲戚朋友，都是站在和那些人同等的地位去摄取的。他所发的感慨正是金家人的感慨。他所主张的小家庭主义正是金家人所共抱的理想。实际上，他就是那些人中间的一个。他不能站在更高的角度去理解他们、批判他们。

我并不要求张恨水有什么“正确的世界观”，或者把主人公写得怎么“觉悟”，怎么“革命”，而是说，作者得跳出他所描写的人物圈子，站在作为作家的立场上去看一看人。

曹雪芹在文学上的成就就大多了。那就是因为他有了自己的哲学——不管这哲学是多么无力，多么消极——他能从自己的哲学观点去分析笔下的那些人。

写作的诀窍就在这里：**得深入生活，同时又得跳出生活！**

五、驳斥几种谬论

上面几节已经把我的粗浅意见说了个大概。就是，我认为，决定一篇作品好坏的，乃是作家对现实之深刻的观察和分析（当然得通过文艺这个特殊的角度）。

遗憾的是，合乎标准的作品，却少得可怜。不但少而已，还有人巧立名目和这原则悖逆，那就更令人痛心了。

这种巧立名目的理论，我无以名之，名之为“谬论”。

第一种谬论说，这年头儿根本用不着谈文艺。尤其是戏剧，演出了完事，就是赚钱要紧。因此，公开地主张多加噱头。

这种议论，乍看也未尝不头头是道。君不见，天天挤塞在话剧院里的人何止千万，比起从前“剧艺社”时代来，真是不可同日而语。不加噱头行吗？

也有人说，这是话剧的通俗化。那就不得不费纸墨来和他讨论一下。

首先，我对通俗化三字根本就表示怀疑。假使都通俗到《秋海棠》那样，那何不索性上演话剧的《山东到上海》，把大世界的观众也争取了来呢？事实上，《称心如意》那样的文艺剧，据我所知，爱看的人也不少（当然不及《秋海棠》或《小山东》）。那些大多是比较在生活里打过滚的人，他们的口味幸还不曾为海派戏所败倒，他们感觉兴趣的是戏中人的口吻、神情，所以看到阔亲戚的叽叽喳喳，就忍不住笑了。当然，抱了看噱头的眼光来看这出戏是要失望的。

“通俗化”的正确诠释，应该就是人物的深刻化。从人物性格的刻画上去打动观众，使观众感到亲切。脱离了人物而抽象地谈什么“通俗不通俗”，无异是向低级观众缴械，结果，只有取消了话剧运动完事。

事实上，现在已经倾向到这方面来了。不说普通的观众，连一部分指导家也大多有这样的意见，似乎不大跳大叫、不白刀子进红刀子出就不成其为戏剧似的。喜剧呢，那就一律配上音乐，打一下头，咕咚的一声；脱衣服时，钢琴键子卜龙龙龙地滑过去。兴趣都被放在这些无聊的东西上面，话剧的前途真是非常可怕的。说起来呢，指导家们会这样答复你：不这样，观众不“吃”呀！似乎观众都是天生的孱种，不配和文艺接近的。这真是对观众的侮辱，也是对文学机能的蔑视。我不否认有许多观众是为了看热闹来的，给他们看冷静点的戏，也许会掉头不顾而去，但这样的观众即使失去，我以为也并不值得惋惜。

第二种谬论，比前者进了一步。他们不否认话剧运动有上述的危机，他们也知道这样发展下去是不好的，但是“……没有法子呀！一切为了生活！”淡淡“生活”两个字，就把一切的责任推卸了！

对说这话的人，我表示同情。事实如此，现在有许多剧本，拿了去，被导演们左改右改，你也改，我也改，弄得五牛崩尸，再不像原来的面目。生活程度又如此之昂贵。怎么办呢？当然只有敷衍了事的一法。

然而，还是那句话：尽可能地不要脱离人物性格。

文艺究竟不是“生意经”，粗制滥造些，是可被原谅的，但若根本脱离了性格，那就让步太大了。

我不劝那些作家字斟句酌地去写作。那样做，别的不说，肚子先就不答应。不过，话又说回来。这并不能做玩弄噱头的借口。生活的担子无论怎么压上来，我们的基本态度是不能改变的。

第三种谬论，可以说是谬论之尤。他们干脆撕破了脸，说道：我这个是……剧，根本不能拿你那个标准来衡量的！前二种谬论，虽然也在种种借口下躲躲闪闪，但文艺的基本原则，到底还没有被否认。到这最后一种，连基本的原则都被推翻了，他们的大胆，不能不令人吃惊。

什么作品可以脱离现实呢？无论你的才思多么“新奇”，那才思到底还是现实的产物。既是现实的产物，我们就可以拿现实这个标准来批评它。

一个人对现实的看法，是无在而无不在的。文以见人，从他的文章里，也一定可以看出为人的态度来——无论那篇文章写得多么渺茫不可捉摸。不是吗？在许多耀眼的革命字眼之下，结果还是发现了在妓院里打抱不平的章秋谷（见《九尾龟》）式的英雄……

六、并非“要求过高”

回过头来一看，觉得自己似乎是在旷野里呐喊。喊完之后，回答你的，只是自己的回声的嘲笑。

有几个人会同意我的话呢？说不定还会冷冷地说一句，这是要求过高。

前些年就有这样冷眼旁观的英雄。当“历史剧”评价问题正引起人们激辩的时候，他出来说话了：历史剧固然未必好，但是应该满意的了——要求不可过高呀！

后来又有各种类似的说法：

第一，批评应该宽恕；

第二，须讲“统一战线”；

第三，坏的，得评；好的，也应该指出；等等。

这样，一场论战就被化为面子问题，宽恕问题了。

不错，东西有好的，也有坏的，梅毒患到第三期的人，说不定还有几颗好牙齿哩！但是，这样的批评有什么意思呢？我顶恨的就是这种评头品足的批评。因为它们只有使问题越弄越不明白。

我的意见正相反，我以为斤斤于一件作品哪一点好，哪一点坏，是毫无意义的。主要的，我们须看它的基本倾向如何，基本倾向倘是走的文艺的正路，其余枝节尽可以不管，否则，饶你有更大的优点，我也要说它是件坏作品。

这何尝是“要求过高”！这明明是各人对文艺的认识不同。譬如，不甚被人注意的《称心如意》，我就认为是一二年来难得的一部佳作。也许有人要奇怪：我为什么在这短文里要一再提到它？难道就没有比它更好的作品了？这样想的人，说不定正是从前骂人要求过高的人亦未可知。

《大马戏团》因为取材较为热闹之故，比较地容易使观众接受。顶倒霉的是《称心如意》这类作品。左派说它“温开水”，不如《结婚进行曲》有意义。右派比较赞成它，但内心也许还在鄙薄它，说它不如自己的有些“肉麻当有趣”的作品那样结构完密，用词富丽。《称心如意》得到这样的评论，也就是我特别喜爱它的原因。

别瞧《称心如意》这样味道很淡的作品，上述两派人恐怕就未必写得出来。这是勉强不来的事。《称心如意》的成功，是杨绛先生日积月累观察人生深入人生后的结果。这和空洞的政治“意识”不同，是可望而不可求的。同时，也和技巧至上论者的技巧不同，不是看几本书就可“雕琢”出来的。

《称心如意》不可否认地有许多写作上的缺点和漏洞。但我完全原谅它。

这何尝是“要求过高”！

七、尾　声

写到此处，拉拉杂杂，字数已经近万了。还有许多话，只好打住。

最后，我要申明一句：因为是抽空出来说，凡所指摘的病征，也许甲里面有一些，乙里面也有一些，然而，这不是“人身攻击”。请许多人不必多疑，以为这篇文章是专对他而发的，那我就感激不尽了。

倘仍有人老羞成怒，以为失了他作家的尊严者，那我就没有办法——无奈，只好罚他到《大马戏团》里去饰那个慕容天锡的角色吧。

读　书

老　舍

若是学者才准念书，我就什么也不要说了。大概书不是专为学者预备的；那么，我可要多嘴了。

从我一生下来直到如今，没人盼望我成个学者；我永远喜欢服从多数人的意见。可是我爱念书。

书的种类很多，能和我有交情的可很少。我有决定念什么的全权；自幼儿我就会逃学，愣挨板子也不肯说我爱《三字经》和《百家姓》。对，《三字经》便可以代表一类——这类书，据我看，顶好在判了无期徒刑以后去念，反正活着也没多大味儿。这类书可真不少，不知道为什么；也许是犯无期徒刑罪的太多；要不然便是太少——我自己就常想杀些写这类书的人。我可是还没杀过一个，一来是因为我才明白过来——写这样书的人敢情有好些已经死了，比如写《尚书》的那位李二哥。二来是因为现在还有些人专爱念这类书，我不便得罪人太多了。顶好，我看是不管别人；我不爱念的就不动好了。好在我爸爸没希望我成个学者。

第二类书也与咱无缘：书上满是公式，没有一个“然而”和

“所以”。据说，这类书里藏着打开宇宙秘密的小金钥匙。我倒久想明白点真理，如地是圆的之类；可是这种书别扭，它老瞪着我。书不老老实实地当本书，瞪人干吗呀？我不能受这个气！有一回，一位朋友给我一本《相对论原理》，他说：明白这个就什么都明白了。我下了决心去念这本宝贝书。读了两个“配纸”，我遇上了一个公式。我跟它“相对”了两点多钟！往后边一看，公式还多了去啦！我知道和它们“相对”下去，它们也许不在乎，我还活着不呢？

可是我对这类书，老有点敬意。这类书和第一类有些不同，我看得出。第一类书不是没法懂，而是懂了以后使我更糊涂。以我现在的理解力——比上我七岁的时候，我现在满可以做圣人了——我能明白“人之初，性本善”。明白完了，紧跟着就糊涂了；昨儿个晚上，我还挨了小女儿——玫瑰唇的小天使——一个嘴巴。我知道这个小天使性本不善，她才两岁。第二类书根本就看不懂，可是人家的纸上没印着一句废话；懂不懂的，人家不闹玄虚，它瞪我，或者我是该瞪。我的心这么一软，便把它好好放在书架上；好打好散，别太伤了和气。

这要说到第三类书了。其实这不该算一类；就这么算吧，顺嘴。这类书是这样的：名气挺大，念过的人总不肯说它坏，没念过的人老怪害羞地说将要念。譬如说《元曲》，太炎“先生”的文章、罗马的悲剧、辛克莱的小说、《大公报》——不知是哪儿出版的一本书——都算在这类里，这些书我也都拿起来过，随手便又放下了。这里还就属那本《大公报》有点劲。我不害羞，永远不说将要念。好些书的广告与威风是很大的，我只能承认那些广告作得不错，谁管它威风不威风呢。

“类”还多着呢，不便再说；有上面的三项也就足以证明我怎样地不高明了。该说读的方法。

怎样读书，在这里，是个自决的问题；我说我的，没勉强谁跟我学。第一，我读书没系统。借着什么，买着什么，遇着什么，就读什么。不懂的放下，使我糊涂的放下，没趣味的放下，不客气。我不能叫书管着我。

第二，读得很快，而不记住。书要都叫我记住，还要书干吗？书应该记住自己。对我，最讨厌的发问是：“那个典故是哪儿的呢？”“那句书是怎么来着？”我永不回答这样的考问，即使我记得。我又不是印刷机器养的，管你这一套！

读得快，因为我有时候跳过几页去。不合我的意，我就练习跳远。书要是不服气的话，来跳我呀！看侦探小说的时候，我先看最后的几页，省事。

第三，读完一本书，没有批评，谁也不告诉。一告诉就糟：“嘿，你读《啼笑因缘》？”要大家都不读《啼笑因缘》，人家写它干吗呢？一批评就糟：“尊家这点意见？”我不惹气。读完一本书再打通儿架，不上算。我有我的爱与不爱，存在我自己心里。我爱念什么就念，有什么心得我自己知道，这是种享受，虽然显得自私一点。

再说呢，我读书似乎只要求一点灵感。“印象甚佳”便是好书，我没工夫去细细分析它，所以根本便不能批评。“印象甚佳”有时候并不是全书的，而是书中的一段最入我的味；因为这一段使我对这全书有了好感；其实这一段的美或者正足以破坏了全体的美，但是我不去管；有一段叫我喜欢两天的，我就感谢不尽。因此，设若我真去批评，大概是高明不了。

第四，我不读自己的书，不愿谈论自己的书。“儿子是自己的好”，我还不晓得，因为自己还没有过儿子。有个小女儿，女儿能不能代表儿子，就不得而知。“老婆是别人的好”，我也不敢加以拥护，特别是在家里。但是我准知道，书是别人的好。别人的书自然未必都好，可是至少给我一点我不知道的东西。自己的，一提都头疼！自己的书和自己的运气，好像永远是一对儿累赘。

第五，哼，算了吧。

什么是幽默？

老　舍

幽默是一个外国字的译音，正像“摩托”和“德谟克拉西”等都是外国字的译音那样。

为什么只译音，不译意呢？因为不好译——我们不易找到一个非常合适的字，完全能够表现原意。假若我们一定要去找，大概只有“滑稽”还相当接近原字。但是，“滑稽”不完全相等于“幽默”。“幽默”比“滑稽”的含义更广一些，也更高超一些。“滑稽”可以只是开玩笑，而“幽默”有更高的企图。凡是只为逗人哈哈一笑，没有更深的意义的，都可以算作“滑稽”，而“幽默”须有思想性与艺术性。

原来的那个外国字有好几个不同的意思，不必在这一一介绍。我们只说一说现在我们怎么用这个字。

英国的狄更斯、美国的马克·吐温和俄罗斯的果戈里等伟大作家一向被称为幽默作家。他们的作品和别的伟大作品一样地憎恶虚伪、狡诈等恶德，同情弱者、被压迫者和受苦的人。但是，他们的爱与憎都是用幽默的笔墨写出来的——这就是说，他们写的招笑，有风趣。

我们的相声就是幽默文章的一种。它讽刺，讽刺是与幽默分不开的，因为假若正颜厉色地教训人便失去了讽刺的意味，它必须幽默地去奇袭侧击，使人先笑几声，而后细一咂摸，脸就红起来。解放前通行的相声段子，有许多只是打趣逗哏的“滑稽”，语言很庸俗，内容很空洞，只图招人一笑，没有多少教育意义和文艺味道。解放后新编的段子就不同了，它在语言上有了含蓄，在思想上多少尽到讽刺的责任，使人听了要发笑，也要去反省。这大致地也可以说明“滑稽”和“幽默”的不同。

幽默文字不是老老实实的文字，它运用智慧、聪明与种种招笑的技巧，使人读了发笑，惊异，或啼笑皆非，受到教育。我们读一读狄更斯的、马克·吐温的和果戈里的作品，便能够明白这个道理。听一段好的相声，也能明白些这个道理。

幽默的作家必是极会掌握语言文学的作家，他必须写得俏皮，泼辣，警辟。幽默的作家也必须有极强的观察力与想象力。因为观察力极强，所以他能把生活中一切可笑的事、互相矛盾的事都看出来，具体地加以描画和批评。因为想象力极强，所以他能把观察到的加以夸张，使人一看就笑起来，而且永远不忘。

不论是作家与否，都可以有幽默感，所谓幽默感就是看出事物的可笑之处，而用可笑的话来解释它，或用幽默的办法解决问题。比如，一个小孩见到一个生人，长着很大的鼻子；小孩子是不会客气的，马上叫出来：“大鼻子！”假若这位生人没有幽默感呢，也许就会不高兴，而孩子的父母也许感到难以为情。假若他有幽默感呢，他会笑着对小孩说：“就叫鼻子叔叔吧！”这不就大家一笑而解决了问题吗?

幽默的作家当然会有幽默感。这倒不是说他永远以“一笑了之”的态度应付一切。不是，他是有极强的正义感的，绝不饶恕坏人坏事。不过，他也看出社会上有些心地狭隘的人，动不动就发脾气，闹情绪，其实那都是三言两语就可以解决的，用不着闹得天翻地覆。所以，幽默作家的幽默感使他既不饶恕坏人坏事，同时他的心地是宽大爽朗，会体谅人的。假若他自己有短处，他也会幽默地说出来，绝不偏袒自己。

人的才能不一样，有的人会幽默，有的人不会。不会幽默的人最好不必勉强要俏，去写幽默文章。清清楚楚、老老实实的文章也能是好文章。勉强要几个心眼，企图取笑，反倒会弄巧成拙。更需注意：我们讥笑坏的品质和坏的行为，我们可绝对不许讥笑本该同情的某些缺陷。我们应该同情盲人，同情聋子或哑巴，绝对不许讥笑他们。

谈幽默

老　舍

“幽默”这个字在字典上有十来个不同的定义。还是把字典放下，让咱们随便谈吧。据我看，它首要的是一种心态。我们知道，有许多人是神经过敏的，每每以过度的感情看事，而不肯容人。这样人假若是文艺作家，他的作品中必含着强烈的刺激性，或牢骚，或伤感；他老看别人不顺眼，而愿使大家都随着他自己走，或是对自己的遭遇不满，而伤感地自怜。反之，幽默的人便不这样，他既不呼号叫骂，看别人都不是东西，也不顾影自怜，看自己如一活宝贝。他是由事事中看出可笑之点，而技巧地写出来。他自己看出人间的缺欠，也愿使别人看到。不仅是看到，他还承认人类的缺欠；于是人人有可笑之处，他自己也非例外，再往大处一想，人寿百年，而企图无限，根本矛盾可笑。于是笑里带着同情，而幽默乃通于深奥。所以 Thackeray（萨克莱）说：“幽默的写家是要唤醒与指导你的爱心，怜悯，善意——你的恨恶不实在，假装，作伪——你的同情与弱者，穷者，被压迫者，不快乐者。”

Walploe（沃波尔）说：“幽默者‘看’事，悲剧家‘觉’之。”这句话更能补证上面的一段。我们细心“看”事物，总可以发现些缺欠可笑之处；及至钉着坑儿去咂摸，便要悲观了。

我们应再进一步地问，除了上面这点说明，能不能再清楚一些地认识幽默呢？好吧，我们先拿出几个与它相近，而且往往与它相关的几个字，与它比一比，或者可以稍微地使我们清楚一点。反语（irony），讽刺（satire），机智（wit），滑稽剧（farce），奇趣（whimsicality），这几个字都和幽默有相当的关系。

我们先说那个最难讲的——奇趣。这个字在应用上是很松泛的，无论什么样子的打趣与奇想都可以用这个字来表示，《西游记》的奇事，《镜花缘》中的冒险，《庄子》的寓言，都可以叫作奇趣。可是，在分析文艺品类的时候，往往以奇趣与幽默放在一处，如《现代小说的研究》的著者Marble（马布尔），便把whimsicality and humour（奇趣和幽默）作为一类。这大概是因为奇趣的范围很广，为方便起见，就把幽默也加了进去。一般地说，幻想的作品——即使是别有目的——不能不利用幽默，以便使文字生动有趣；所以这二者——奇趣与幽默——就往往成了一家人。这个，简直不但不能帮忙我们看明何为幽默，反倒使我更糊涂了。不过，有一点可是很清楚：就是文字要生动有趣，必须利用幽默。在这里，我们没弄清幽默是什么，可是明白幽默很重要的一个效用。假若干燥，晦涩，无趣，是文艺的致命伤；幽默便有了很大的重要；这就是它成为文艺的因素之一的缘故吧。

至于反语，便和幽默有些不同了；虽然它俩还是可以联合在一处的东西。反语是暗示出一种冲突。这就是说，一句中有两个相反的意思，所要说的真意却不在话内，而是暗示出来的。《史记》上载着这么回事：秦始皇要修个大园子，优旃对他说："好哇，多多搜集飞禽走兽，等敌人从东方来的时候，就叫麋鹿去挡一阵，满好！"这个话，在表面上，是顺着始皇的意思说的。可是咱们和始皇都能听出其中的真意；不管咱们怎样吧，反正始皇就没再提造园的事。优旃的话便是反语。它比幽默要轻妙冷静一些。它也能引起我们的笑，可是得明白了它的真意以后才能笑。它在文艺中，特别是小品文中，是风格轻妙、引人微笑的助成者。……在悲剧中，或小说中，聪明的人每每落在自己的陷阱里，聪明反被聪明误；这个和与此相类的矛盾，普遍被称为 Sophoclean irony（索福克里斯的反语）。不过，这与幽默是没什么关系的。

现在说讽刺。讽刺必须幽默，但它比幽默厉害。它必须用极锐利的口吻说出来，给人一种极强烈的冷嘲；它不使我们痛快地笑，而是使我们淡淡的一笑，笑完因反省而面红过耳。讽刺。讽刺家故意地使我们不同情于他所描写的人或事。在它的领域里，反语的应用似乎较多于幽默，因为反语也是冷静的。讽刺家的心态好似看透了这个世界，而去极巧妙地攻击人类的短处，如《海外轩渠录》，如《镜花缘》中的一部分，都是这种心态的表现。

幽默者的心是热的，讽刺家的心是冷的；因此，讽刺多是破坏的。马克·吐温（Mark Twain）可以被人形容作："粗壮，心宽，有天赋的用字之才，使我们一齐发笑。他以草原的野火与西方的泥土建设起他的真实的罗曼司，指示给我们，在一切重要之点上我们都是一样的。”这是个幽默者。让咱们来看看讽刺家是什么样子吧。好，看看Swift（斯威夫特）这个家伙；当他赞美自己的作品时，他这么说：“好上帝。我写那本书的时候，我是何等的一个天才呀!”在他廿六岁的时候，他希望他的诗能够：“每一行会刺，会炸，像短刃与火。”

是的，幽默与讽刺二者常常在一块儿露面，不易分划开；可是，幽默者与讽刺家的心态，大体上是有很清楚的区别的。幽默者有个热心肠儿，讽刺家则时常由婉刺而进为笑骂与嘲弄。在文艺的形式上也可以看出二者的区别来：作品可以整个地叫作讽刺，一出戏或一部小说都可以在书名下注明 a satire。幽默不能这样。“幽默的”至多不过是形容作品的可笑，并不足以说明内容的含义如何。“一个讽刺”——a satire——则分明是有计划的，整本大套的讥讽或嘲骂。一本讽刺的戏剧或小说，必有个道德的目的，以笑来矫正或诛伐。幽默的作品也能有道德的目的，但不必一定如此。讽刺因道德目的而必须毒辣不留情，幽默则宽泛一些，也就宽厚一些，它可以讽刺，也可以不讽刺，一高兴还可以什么也不为而只求和大家笑一场。

机智是什么呢？它是用极聪明的、极锐利的言语，来道出像格言似的东西，使人读了心跳。中国的老子、庄子都有这种聪明。讽刺已经很厉害了，可到底要设法从旁面攻击；至于机智则是劈面一刀，登时见血。“圣人不死，大盗不止!”这才够味儿。不论这个道理如何，它的说法的锐敏就够使人跳起来的了。

有机智的人大概是看出一条真理，便毫不含糊地写出来；幽默的人是看出可笑的事而技巧地写出来；前者纯用理智，后者则赖想象来帮忙。Chesterton（切斯特顿）说："在事物中看出一贯的，是有机智的。在事物中看出不一贯的，是个幽默者。"这样，机智的应用，自然在讽刺中比在幽默中多，因为幽默者的心态较为温厚，而讽刺与机智则显出个人思想的优越。

滑稽戏（farce）在中国的老话儿里应叫作"闹戏"，如《瞎子逛灯》之类。这种东西没有多少意思，不过是充分地作出可笑的局面，引人发笑。在影戏的短片中，什么把一套碟子都摔在头上，什么把汽车开进墙里去，就是这种东西。这是幽默发了疯；它抓住幽默的一点原理与技巧而充分地去发展，不管别的，只管逗笑，假若机智是感性理智的，闹戏则仗着身体的摔打乱闹。喜剧批评生命，闹戏是故意招笑。假若幽默也可以分等的话，这是最下级的幽默。因为它要摔打乱闹地行动，所以在舞台上较易表现，在小说与诗中几乎没有什么地位。不过，在近代幽默短篇小说里往往只为逗笑，而忽略了——或根本缺乏——那"笑的哲人"的态度。这种作品使我们笑得肚痛，但是除对读者的身体也许有点益处——笑为化食糖呀——之外，恐怕任什么也没有了。

有上面这一点粗略的分析，我们现在或者清楚一些了：反语是似是而非，借此说彼；幽默有时候也有弦外之音，但不必老这个样子。讽刺是文艺的一格，诗、戏剧、小说，都可以整篇地被呼为 a satire；幽默在态度上没有讽刺这样厉害，在文体上也不这样严整。机智是将世事人心放在 X 光线下照透，幽默则不带这种超越的态度，而似乎把人都看成兄弟，大家都有短处。闹戏是幽默的一种，但不甚高明。

拿几句话作例子，也许就更能清楚一些：

今天贴了标语，明天中国就强起来——反语。

君子国的标语，“之乎者也”——讽刺。

标语是弱者的广告——机智。

张三把“提倡国货”的标语贴在祖坟上——滑稽；再加上些贴标语时怎样摔跟头等招笑的行动，就成了闹戏。

这几个例子摆在纸面上也许能帮助我们分别地认清它们，但在事实上是不易这样分划开的。从性质上说，机智与讽刺不易分开，讽刺也有时候要利用闹戏；至于幽默，就更难独立。从一篇文章上说，一篇幽默的文字也许利用各种方法，很难纯粹。我们简直可以把这些都包括在幽默之内，而把它们看成各种手法与情调。我们这样分析它们与其说是为从形式上分别得清楚，还不如说是为表明幽默——大概地说——有它特具的心态。

所谓幽默的心态，就是一视同仁的好笑的心态。有这种心态的人虽不必是个艺术家，他还是能在行为上、言语上、思想上表现出这个幽默态度。这种态度是人生里很可宝贵的，因为它表现着心怀宽大。一个会笑，而且能笑自己的人，绝不会为件小事而急躁怀恨。往小了说，他绝不会因为自己的孩子挨了邻儿一拳，而去打邻儿的爸爸。往大了说，他绝不会因为战胜政敌而去请清兵（这骂吴三桂呢吧）。

褊狭、自是，是“四海兄弟”这个理想的大障碍；幽默专治此病。嬉皮笑脸并非幽默；和颜悦色，心宽气朗，才是幽默。一个幽默写家对于世事，如入异国观光，事事有趣。他指出世人的愚笨可怜，也指出那可爱的小古怪地点。世上最伟大的人，最有理想的人，也许正是最愚而可笑的人，堂吉诃德先生即一好例。幽默的写家会同情于一个满街追帽子的大胖子，也同情——因为他明白——那攻打风磨的愚人的真诚与伟大。

记懒人

老　舍

一间小屋，墙角长着些兔儿草，床上卧着懒人。他姓什么？或者因为懒得说，连他自己也记不清了。大家只呼他为懒人，他也懒得否认。

在我的经验中，他是世上第一个懒人，因此我对他很注意：能上“无双谱”的总该是有价值的。

幸而人人有个弱点，不然我便无法与他来往；他的弱点是喜欢喝一盅。虽然他并不因爱酒而有任何行动，可是我给他送酒去，他也不坚持到底地不张开嘴。更可喜的是三杯下去，他能暂时地破戒——和我说话。我还能舍不得几瓶酒吗？所以我成了他的好友。自然我须把酒杯满上，送到他的唇边，他才肯饮。为引诱他讲话，我能不殷勤些？况且过了三杯，我只需把酒瓶放在他的手下，他自己便会斟满的。

他的话有些，假如不都是，很奇怪可喜的。而且极其天真，因为他的脑子是懒于搜集任何书籍上的与旁人制造的话的。他没有常识，因此他不讨厌。他确是个宝贝，在这可厌的社会中。

据他说，他是自幼便很懒的。他不记得他的父亲是黄脸膛还是白净无须：他三岁的时候，他的父亲死去；他懒得问妈妈关于爸爸的事。他是妈妈的儿子，因为她也是懒得很有个模样儿。旁的妇女是孕后九个月或十个月就生产。懒人的妈妈怀了他一年半，因为懒得生产。他的生日，没人晓得；妈妈是第一个忘记了它，他自然想不起问。

他的妈妈后来也死了，他不记得怎样将她埋葬。可是，他还记得妈妈的模样，妈妈，虽在懒人的心中，也难免被想念着；懒人借着酒力叹了一口十年未曾叹过的气；泪是终于懒得落的。

他入过学。懒得记忆一切，可是他不能忘记许多小四方块的字，因为学校里的人，自校长至学生，没有一个不像活猴儿，终日跳动；所以他不能不去看那些小四方块，以得些安慰。最可怕的记忆便是“学生”。他想不出为何他的懒妈将他送入学校去，或者因为他入了学，她可以多心静一些？苦痛往往逼迫着人去记忆。他记得“学生”——一群推他打他挤他踢他骂他笑他的活猴子。他是一块木头。被猴子们向四边推滚。他似乎也毕过业，但是懒得去领文凭。“老子的心中到底有个‘无为’萦绕着，我连个针尖大的理想也没有。”他已饮了半瓶白酒，闭着眼说。“人类的纷争都是出于好事好动：假如人都变成桂树或梅花，世上当怎样地芬香静美？”我故意诱他说话。

他似乎没有听见，或是故意懒得听别人的意见。

我决定了下次再来，须带白兰地；普通的白酒还不够打开他的说话机关的。

白兰地果然有效，他居然坐起来了。往常他向我致敬只是闭着眼，稍微动一动眉毛。然后，我把酒递到他的唇边，酒过三杯，他开始讲话，可是始终是躺在床上不起来。酒喝足了，在我告辞之际，他才肯指一指酒瓶，意思是叫我将它挪开；有的时候他连指指酒瓶都觉得是多事。

白兰地得着了空前的胜利，他坐起来了！我的惊异就好似看见了死人复活。我要盘问他了。

“朋友，”我的声音有点发颤，大概因为是有惊有喜，“朋友，在过去的经验中，你可曾不懒过一天或一回没有呢?”“天下有多少事能叫人不懒一整天呢?”他的舌头有点僵硬。我心中更喜欢了：被酒激硬的舌头是最喜欢运动的。“那么，不懒过一回没有呢?”

他没当时回答我。我看得出，他是搜寻他的记忆呢。他的脸上有点很近于笑的表示——这不过是我的猜测，我没见过他怎样笑。过了好久，他点了点头，又喝下一杯酒，慢慢地说：

“有过一次。许久许久以前的事了。设若我今年是四十岁——没心留意自己的岁数——那必是我二十来岁的事了。”

他又停顿住了。我非常地怕他不再往下说，可是也不敢促迫他；我等着，听得见我自己的心跳。

“你说，什么事足以使懒人不懒一次。”他猛不丁地问了我一句。

我一时找不到相当的答案；不知道是怎么想起来的，我这么答对了他：

“爱情，爱情能使人不懒。”

“你是个聪明人!”他说。

我也吞了一大口白兰地，我的心几乎要跳出来。

他的眼合成一道缝，好像看着心中正在构成的一张图画。然后像自己念道："想起来了！"

我连大气也不敢出地等着。

"一株海棠树，"他大概是形容他心里那张画，"第一次见着她，便是在海棠树下。开满了花，像蓝天下的一大团雪，围着金黄的蜜蜂。我与她便躺在树下，脸朝着海棠花，时时有小鸟踏下些花片，像些雪花，落在我们的脸上，她，那时节，也就是十几岁吧，我或者比她大一些。她是妈妈的娘家的；不晓得怎样称呼她，懒得问。我们躺了多少时候？我不记得。只记得那是最快活的一天：听着蜂声，闭着眼用脸承接着花片，花荫下见不着阳光，可是春气吹拂着全身，安适而温暖。我俩就像埋在春光中的一对爱人，最好能永远不动，直到宇宙崩毁的时候。她是我理想中的人儿。她和妈妈相似——爱情在静里享受。别的女子，见了花便折，见了镜子就照，使人心慌意乱。她能领略花木样的恋爱；我是讨厌蜜蜂的，终日瞎忙。可是在那一天，蜜蜂确是不错，它们的嗡嗡使我半睡半醒，半死半生；在生死之间我得到完全的恬静与快乐。这个快乐是一睁开眼便会失去的。"

他停顿了一会儿，又喝了半杯酒。他的话来得流畅轻快了："海棠花开残，她不见了。大概是回了家，大概是。临走的那一天，我与她在海棠树下——花开已残，一树的油绿叶儿，小绿海棠果顶着些黄须——彼此看着脸上的红潮起落，不知起落了多少次，我们都懒得说话。眼睛交谈了一切。"

"她不见了，"他说得更快了，"自然懒得去打听，更提不到去找她。想她的时候，我便在海棠树下静卧一天。第二年花开的时候，她没有来，花一点也不似去年那么美了，蜂声更讨厌。”

这回他是对着瓶口灌了一气。

“又看见她了，已长成了个大姑娘。但是，但是，”他的眼似乎不得力地眨了几下，微微有点发湿，“她变了。她一来到，我便觉出她太活泼了。她的话也很多，几乎不给我留个追想旧时她怎样静美的机会了。到了晚间，她偷偷地约我在海棠树下相见。我是日落后向不轻动一步的，可是我答应了她；爱情使人能不懒了，你是个聪明人。我不该赴约，可是我去了。她在树下等着我呢。‘你还是这么懒？’这是她的第一句话，我没言语。‘你记得前几年，咱们在这花下？’她又问，我点了点头——出于不得已。‘唉！’她叹了一口气，‘假如你也能不懒了；你看我！’我没说话。‘其实你也可以不懒的；假如你真是懒得到家，为什么你来见我？你可以不懒！咱们——’她没往下说，我始终没开口，她落了泪，走开。我便在海棠下睡了一夜，懒得再动。她又走了。不久听说她出嫁了。不久，听说她被丈夫给虐待死了。懒是不利于爱情的。但是，她，她因不懒而丧了一朵花似的生命！假如我听她的话改为勤谨，也许能保全了她，可也许丧掉我的命。假如她始终不改懒的习惯，也许我们到现在还是同卧在海棠花下，虽然未必是活着，可是同卧在一处便是活着，永远地活着。只有成双作对才算爱，爱不会死！”

“到如今你还想念着她？”我问。

“哼，那就是那次破了懒戒的惩罚！一次不懒，终身受罪；我还不算个最懒的人。”他又卧在床上。

我将酒瓶挪开。他又说了话：

“假如我死去——虽然很懒得死——请把我埋在海棠花下，不必费事买棺材。我懒得理想，可是既提起这件事，我似乎应当永远卧在海棠花下——受着永远的惩罚！”

过了些日子，我果然将他埋葬了。在上边临时种了一株海棠；有海棠树的人家没有允许我埋人的。

读书的意义

俞平伯

古人云："读万卷书，行万里路。"游历者，活动的书本。读书则曰卧游，山川如指掌，古今如对面，乃广义的游览。现在因交通工具的方便，走几万里路不算什么，读万卷书的日见其少了，当有种种的原因，最浅显的是看法，是读书的动机、环境、空气无不缺乏。

讲到读书的真意义，于扩充知识以外兼可涵泳性情，修持道德，原不仅为功名富贵做敲门砖。即为功名富贵，依日下的情形，似乎不必定要读书，更无须借光圣经贤传，甚至于愈读书会愈穷。这无怪喜欢读书、懂得读书的人一天一天地减少了。读书空气的稀薄，读书种子的稀少，互为因果循环。

现在有一些人，你问他人生价值是什么，他会有种种漂亮的说法。但你不可过于信他，他只是要钱而已。文言谓之好利。有一个故事，乾隆帝下江南，在金山寺登高，望见江中大大小小多多少少的船，戏问随銮的纪晓岚，共有几只。这原是难题，纪回答得好："臣只见两条船，一条为名，一条为利。"在那时，这故事讽刺世情已觉刻露，但现在看来，不免古色古香，意存忠厚，应该对答皇帝道，只有一条船。

好利之心压倒一切，非一朝一夕之故。古人说：“不以利为利，以义为利也。”以义为利是遥远的古话。退一步说，以名为利。然名利双收，话虽好听，利必不大，唯有不恤声名地干，以利为利，始专而且厚。道德名誉的观念本多半从书本中来，不恤声名与不好读书亦有相互的关联。

在这一味好利的空气中寻求读书乐，岂不难于上青天，除非我们把两者混合。假如我们能够立一种制度，使天下俊秀求官位利禄之途必出于读书，近乎从前科举的办法，这或者还有人肯下十载寒窗的苦功。严格说来，这已失却读书的真意义，何况这制度的确立还遥遥无期。

现在有一种情形，二三十年来都是如此，就是国文程度显著地低落，别字广泛地流行着，人人皱眉头痛。这严重的光景，不仅象征着读书阶级的崩溃，并直接或间接影响到民族的前途，国家的生长。

文字教育好像不算什么。文字原不过白纸上画黑道，一种形迹而已。但文化却寄托在这形迹上。我们常夸说神州立国几千年，华夏封疆数万里，这种时空的超卓不必出于天赋，实半出于人为，皆先民积久辛勤努力所致。方块字的完整、艰深、固定，虽似妨碍文化知识的普及，亦正于无形之中维护国家的统一与永久。

从时间说，我们读古书如《论》《孟》（《论语》《孟子》），觉得孔子、孟子似乎不太远，而杜工部、苏东坡的诗文呢，他们两位活像我们的老前辈，这是方块字不易变动之力。假如当初完全用音标文字，那不必提周秦两汉，就是唐宋，也就很遥远而隔膜，我们通解先民的情思比较困难，而华夏国本亦因而动摇不安。再从空间说，北自东北，南迄岭海，虽分南北中三部，细分还有更多的区域，然而中国始终只有一个，譬如说广东话与北京话完全两样，而纸上文字完全一致。我国屡经外夷侵略，或暂被征服，而于风雨飘摇中始终屹立不失者，上面已表过是先民血汗的成绩，而在民族团结上，文字确也帮忙不少。

所以文字教育的失败，表面上看只是读书种子稀少，一般国文水准低落而已，骨子里已损害民族国家的前途。如何使人安心向学，对读书感到兴味，似是小事，却是牵连社会生计问题，譬如饿着肚子读书当然不成的，更有关于教育考试铨叙各制度的改革。我们从事教育写作文字的固责无旁贷，但已不仅是个人的事，而成为民族复兴国运重光的大业之一支了。

说做人

人生的意义与价值

季羡林

当我还是一个青年大学生的时候，报刊上曾刮起一阵讨论人生的意义与价值的微风，文章写了一些，议论也发表了一通。我看过一些文章，但自己并没有参加进去。原因是，有的文章不知所云，我看不懂。更重要的是，我认为这种讨论本身就无意义、无价值，不如实实在在地干几件事好。

时光流逝，一转眼，自己已经到了望九之年，活得远远超过了我的预算。有人认为长寿是福，我看也不尽然。人活得太久了，对人生的种种相、众生的种种相，看得透透彻彻，反而鼓舞时少，叹息时多，远不如早一点离开人世这个是非之地，落一个耳根清净。

那么，长寿就一点好处都没有吗？也不是的。这对了解人生的价值，会有一些好处的。

根据我个人的观察，对世界上绝大多数人来说，人生一无意义，二无价值。他们也从来不考虑这样的哲学问题。走运时，手里攥满了钞票，白天两顿美食城，晚上一趟卡拉 OK，玩一点小权术，耍一点小聪明，甚至恣睢骄横，飞扬跋扈，昏昏沉沉，浑浑噩噩，等到钻入了骨灰盒，也不明白自己为什么活过一生。

其中不走运的则穷困潦倒，终日为衣食奔波，愁眉苦脸，长吁短叹。即使日子还能过得去的，不愁衣食，能够温饱，然而也终日忙忙碌碌，被困于名缰，被缚于利索。同样是昏昏沉沉，浑浑噩噩，不知道为什么活过一生。

对这样的芸芸众生，人生的意义与价值从何处谈起呢？

我自己也属于芸芸众生之列，也难免浑浑噩噩，并不比任何人高一丝一毫。如果想勉强找一点区别的话，那也是有的：我，当然还有一些别的人，对人生有一些想法，动过一点脑筋，而且自认这些想法是有点道理的。

我有些什么想法呢？话要说得远一点。当今世界上战火纷飞，人欲横流，“黄钟毁弃，瓦釜雷鸣”，是一个十分不安定的时代。但是，对于人类的前途，我始终是一个乐观主义者。我相信，不管还要经过多少艰难曲折，不管还要经历多少时间，人类总会越变越好的，人类大同之域绝不会仅仅是一个空洞的理想。但是，想要达到这个目的，必须经过无数代人的共同努力。有如接力赛，每一代人都有自己的一段路程要跑。又如一条链子，是由许多环组成的，每一环从本身来看，只不过是微不足道的一点东西；但是没有这一点东西，链子就组不成。**在人类社会发展的长河中，我们每一代人都有自己的任务，而且是绝非可有可无的。如果说人生有意义与价值的话，其意义与价值就在这里。**

但是，这个道理在人类社会中只有少数有识之士才能理解。鲁迅先生所称之“中国的脊梁”，指的就是这种人。对于那些肚子里吃满了肯德基、麦当劳、比萨饼，到头来终不过是浑浑噩噩的人来说，有如夏虫不足以与语冰，这些道理是没法谈的。他们无法理解自己对人类发展所应当承担的责任。

话说到这里，我想把上面说的意思简短扼要地归纳一下：如果人生真有意义与价值的话，其意义与价值就在于对人类发展的承上启下、承前启后的责任感。

我与弘一法师

丰子恺

弘一法师是我学艺术的教师，又是我信宗教的导师。我的一生，受法师影响很大。厦门是法师近年经行之地，据我到此三天内所见，厦门人士受法师的影响也很大；故我与厦门人士不啻都是同窗弟兄。今天佛学会要我演讲，我惭愧修养浅薄，不能讲弘法利生的大义，只能把我从弘一法师学习艺术宗教时的旧事，向诸位同窗弟兄谈谈，还请赐我指教。

我十七岁入杭州浙江第一师范，廿岁毕业以后没有升学。我受中等学校以上学校教育，只此五年。这五年间，弘一法师，那时称为李叔同先生，便是我的图画音乐教师。图画音乐两科，在现在的学校里是不很看重的；但是奇怪得很，在当时我们的那间浙江第一师范里，看得比英、国、算还重。我们有两个图画专用的教室，许多石膏模型，两架钢琴，五十几架风琴。我们每天要花一小时去练习图画，花一小时以上去练习弹琴。大家认为当然，恬不为怪，这是什么缘故呢？因为李先生的人格和学问，统治了我们的感情，折服了我们的心。

他从来不骂人，从来不责备人，态度谦恭，同出家后完全一样；然而个个学生真心地怕他，真心地学习他，真心地崇拜他。我便是其中之一人。因为就人格讲，他的当教师不为名利，为当教师而当教师，用全副精力去当教师。就学问讲，他博学多能，其国文比国文先生更高，其英文比英文先生更高，其历史比历史先生更高，其常识比博物先生更富，又是书法金石的专家，中国话剧的鼻祖。他不是只能教图画音乐，他是拿许多别的学问为背景而教他的图画音乐。

夏丏尊先生曾经说：“李先生的教师，是有后光的。”像佛菩萨那样有后光，怎不教人崇拜呢？而我崇拜他，更甚于他人。大约是我的气质与李先生有一点相似，凡他所欢喜的，我都欢喜。我在师范学校，一、二年级都考第一名，三年级以后忽然降到第二十名，因为我旷废了许多师范生的功课，而专心于李先生所喜的文学艺术，一直到毕业。毕业后我无力升大学，借了些钱到日本去游玩，没有进学校，看了许多画展，听了许多音乐会，买了许多文艺书，一年后回国，一边当教师，一边埋头自习，一直自习到现在，对李先生的艺术还是迷恋不舍。李先生早已由艺术而升华到宗教而成正果，而我还彷徨在艺术宗教的十字街头，自己想想，真是一个不肖的学生。

他怎么由艺术升华到宗教呢？当时人都诧异，以为李先生受了什么刺激，忽然“遁入空门”了。我却能理解他的心，我认为他的出家是当然的。我认为人的生活，可以分作三层：一是物质生活，二是精神生活，三是灵魂生活。物质生活就是衣食。精神生活就是学术文艺。灵魂生活就是宗教。“人生”就是这样的一个三层楼。懒得（或无力）走楼梯的，就住在第一层，即把物质生活弄得很好，锦衣玉食，尊荣富贵，孝子慈孙，这样就满足了。这也是一种人生观。抱这样的人生观的人，在世间占大多数。高兴（或有力）走楼梯的，就爬上二层楼去玩玩，或者久居在里头。这就是专心学术文艺的人。他们把全力贡献于学问的研究，把全心寄托于文艺的创作和欣赏。这样的人，在世间也很多，即所谓“知识分子”“学者”“艺术家”。还有一种人，“人生欲”很强，脚力很大，对二层楼还不满足，就再走楼梯，爬上三层楼去。这就是宗教徒了。他们做人很认真，满足了“物质欲”还不够，满足了“精神欲”还不够，必须探求人生的究竟。他们以为财产子孙都是身外之物，学术文艺都是暂时的美景，连自己的身体都是虚幻的存在。他们不肯做本能的奴隶，必须追究灵魂的来源，宇宙的根本，这才能满足他们的“人生欲”。这就是宗教徒。

世间就不过这三种人。我虽用三层楼为比喻，但并非必须从第一层到第二层，然后得到第三层。有很多人，从第一层直上第三层，并不需要在第二层勾留。还有许多人连第一层也不住，一口气跑上三层楼。不过我们的弘一法师，是一层一层地走上去的。弘一法师的“人生欲”非常之强！他的做人，一定要做得彻底。他早年对母尽孝，对妻子尽爱，安住在第一层楼中。中年专心研究艺术，发挥多方面的天才，便是迁居在二层楼了。强大的“人生欲”不能使他满足于二层楼，于是爬上三层楼去，做和尚，修净土，研戒律，这是当然的事，毫不足怪的。

做人好比喝酒：酒量小的，喝一杯花雕酒已经醉了；酒量大的，喝花雕嫌淡，必须喝高粱酒才能过瘾。文艺好比是花雕，宗教好比是高粱。弘一法师酒量很大，喝花雕不能过瘾，必须喝高粱。我酒量很小，只能喝花雕，难得喝一口高粱而已。但喝花雕的人，颇能理解喝高粱者的心。故我对于弘一法师的由艺术升华到宗教，一向认为当然，毫不足怪的。

艺术的最高点与宗教相接近。二层楼扶梯的最后顶点就是三层楼，所以弘一法师由艺术升华到宗教。是必然的事。弘一法师在闽中，留下不少的墨宝。这些墨宝在内容上是宗教的，在形式上是艺术的——书法。闽中人士久受弘一法师的熏陶，大多富有宗教信仰及艺术修养。我这初次入闽的人，看见这情形，非常歆羡，十分钦佩！

前天参拜南普陀寺，承广洽法师的指示，瞻观弘一法师的故居及其手种杨柳，又看到他所创办的佛教养正院。广义法师要我为养正院书联，我就集唐人诗句“须知诸相皆非相，能使无情尽有情”写了一副。这对联挂在弘一法师所创办的佛教养正院里，我觉得很适当。因为上联说佛经，下联说艺术，很可表明弘一法师由艺术升华到宗教的意义。**艺术家看见花笑，听见鸟语，举杯邀明月，开门迎白云，能把自然当作人看，能化无情为有情，这便是“物我一体”的境界**。更进一步，便是“万法从心”“诸相非相”的佛教真谛了。故艺术的最高点与宗教相通。

最高的艺术家有言：“无声之诗无一字，无形之画无一笔。”可知吟诗描画，平平仄仄，红红绿绿，原不过是雕虫小技，艺术的皮毛而已。艺术的精神，正是宗教的。古人云：“文章一小技，于道未为尊。”又曰：“太上立德，其次立言。”弘一法师教人，亦常引用儒家语："士先器识而后文艺。"所谓"文章""言""文艺"，便是艺术；所谓"道""德""器识"，正是宗教的修养。宗教与艺术的高下重轻，在此已经明示；三层楼当然在二层楼之上的。

我脚力小，不能追随弘一法师上三层楼，现在还停留在二层楼上，斤斤于一字一笔的小技，自己觉得很惭愧。但亦常常勉力爬上扶梯，向三层楼上望望。故我希望：学宗教的人，不需多花精神去学艺术的技巧，因为宗教已经包括艺术了。而学艺术的人，必须进而体会宗教的精神，其艺术方有进步。

久驻闽中的高僧，我所知道的还有一位太虚法师。他是我的小同乡，从小出家。他并没有弄艺术，是一口气跑上三层楼的。但他与弘一法师，同样是旷世的高僧，同样地为世人所景仰。可知在世间，宗教高于一切。在人的修身上，器识重于一切。太虚法师与弘一法师，异途同归，各成正果。文艺小技的能不能，在大人格上是毫不足道的。我愿与闽中人士以二法师为模范而共同勉励。

青年与自然

丰子恺

英诗人瓦资瓦斯（华兹华斯，Wordsworth）的诗里说道："嫩草萌动的春天的田野所告我们的教训，比古今圣贤所说的法语指示我们更多的道理。"这正是赞美自然对人的感化力，又正是艺术教育的简要的解说，吾人每当花晨月夕，起无限的感兴。人生精神的发展，思想的进步，至理的觉悟，已往的忏悔，未来的企图：一切这等的动机，大都在这等花晨月夕的感兴中发生的。

青年受自然的感化和暗示最多。青年是人生最中坚的、最精彩的、最有变化的一部分。青年一步步地踏进成人的境域去的时候，对于他们所天天接近而最不解的自然，容易发生种种的能动的疑问。这等疑问唤起了他们的无限的感想，这感想各人不同，各用以影响自己的意志和行为。在孩儿时代，是感观主宰的时代，那时对自然所起的感情大多是受动的。在成人时代，阅世较深，现实的境遇比较固定，自然的感化也鲜能深入他们的腑肺，不过有时引起一时的感兴。唯有极盛的青年期受自然的感化最多。

吾人所常接近的自然，如日月星辰，山川花木等，其中花和月最与人亲，在自然中，月仿佛是慈爱的圣母 Maria（马利亚），花仿佛是绰约的女神 Aphrodite（阿佛洛狄忒），常常对人作温和的微笑。

论书生的酸气

朱自清

读书人又称书生。这固然是个可以骄傲的名字如说“一介书生”“书生本色”，都含有清高的意味。但是正因为清高，和现实脱了节，所以书生也是嘲讽的对象。人们常说“书呆子”“迂夫子”“腐儒”“学究”等，都是嘲讽书生的。“呆”是不明利害，“迂”是绕大弯儿，“腐”是顽固守旧，“学究”是指一孔之见。总之，都是知古不知今，知书不知人，食古不化地读死书或死读书，所以在现实生活里老是吃亏、误事、闹笑话。总之，书生的被嘲笑是在他们对于书的过分的执着上；过分地执着书，书就成了话柄了。

但是还有“寒酸”一个话语，也是形容书生的。“寒”是“寒素”，对“膏粱”而言，是魏晋南北朝分别门第的用语。“寒门”或“寒人”并不限于书生，武人也在里头；“寒士”才指书生。这“寒”指生活情形，指家世出身，并不关涉到书；单这个字也不含嘲讽的意味。加上“酸”字成为连语，就不同了，好像一副可怜相活现在眼前似的。“寒酸”似乎原作“酸寒”。韩愈

《荐士》诗中的“酸寒溧阳尉”指的是孟郊；后来说“郊寒岛瘦”，孟郊和贾岛都是失意的人，作的也是失意诗。“寒”和“瘦”映衬起来，够可怜相的，但是韩愈说“酸寒”，似乎“酸”比“寒”重。可怜别人说“酸寒”，可怜自己也说“酸寒”，所以苏轼有“故人留饮慰酸寒”的诗句。陆游有“书生老瘦转酸寒”的诗句。“老瘦”固然可怜相，感激“故人留饮”也不免有点儿。范成大说“酸”是“书生气味”，但是他要“洗尽书生气味酸”，那大概是所谓“大丈夫不受人怜”罢？

为什么“酸”是“书生气味”呢？怎么样才是“酸”呢？话柄似乎还是在书上。我想这个“酸”原是指读书的声调说的。晋以来的清谈很注重说话的声调和读书的声调。说话注重音调和辞气，以朗畅为好。读书注重声调，从《世说新语·文学》篇所记殷仲堪的话可见；他说，“三日不读《道德经》，便觉舌本闲强”，说到舌头，可见注重发音，注重发音也就是注重声调。《世说新语·任诞》篇又记王孝伯说：“名士不必须奇才，但使常得无事，痛饮酒，熟读《离骚》，便可称名士。”这“熟读《离骚》”该也是高声朗诵，更可见当时风气。《世说新语·豪爽》篇记：“王司州（胡之）在谢公（安）坐，咏‘入不言兮出不辞，乘回风兮载云旗’（《离骚·九歌》），语人云，‘当尔时，觉一坐无人。”正是这种名士气的好例。读古人的书注重声调，读自已的诗自然更注重声调。《文学篇》记着袁宏的故事：

袁虎（宏小名虎）少贫，尝为人佣载运租。谢镇西经船行，其夜清风朗月，闻江渚间估客船上有咏诗声，甚有情致，所诵五言，又其所未尝闻，叹美不能已。即遣委曲讯问，乃是袁自咏其所作《咏史》诗。因此相要，大相赏得。

从此袁宏名誉大盛，可见朗诵关系之大。此外，《世说新语》里记着“吟啸”“啸咏”“讽咏”“讽诵”的还很多，大概也是在朗诵古人的或自己的作品罢。

这里最可注意的是所谓“洛下书生咏”或简称“洛生咏”。《晋书·谢安传》说：

安本能为洛下书生咏。有鼻疾，故其音浊。名流爱其咏而弗能及，或手掩鼻以效之。

《世说新语·轻诋》篇却记着：

人问顾长康：“何以不作洛生咏?”答曰：何至作老婢声!”

刘孝标注，“洛下书生咏间音重浊，故云‘老婢声’”。所谓“重浊”，似乎就是过分悲凉的意思。当时诵读的声调似乎以悲凉为主。王孝伯说“熟读《离骚》，便可称名士”，王胡之在谢安座上咏的也是《离骚·九歌》，都是《楚辞》。当时诵读《楚辞》，大概还知道用楚声楚调，乐府曲调里也正有楚调，而楚声楚调向来是以悲凉为主的。当时的诵读大概受到和尚的梵诵或梵唱的影响很大，梵诵或梵唱主要的是长吟，就是所谓“咏”。《楚辞》本多长句，楚声楚调配合那长吟的梵调，相得益彰，更可以“咏”

出悲凉的“情致”来。

袁宏的《咏史》诗现存两首，第一首开始就是“周昌梗概臣”一句，“梗概”就是“慷慨”“感慨”；“感慨悲歌”也是一种“书生本色”。沈约《宋书·谢灵运传论》所举的五言诗名句，钟嵘《诗品·序》里所举的五言诗名句和名篇，差不多都是些“慷慨悲歌”。

《晋书》里还有一个故事。晋朝曹摅的《感旧》诗有“富贵他人合，贫贱亲戚离”两句。后来殷浩被废为老百姓，送他心爱的外甥回朝，朗诵这两句，引起了身世之感，不觉泪下。这是悲凉的朗诵的确例。但是自己若是并无真实的悲哀，只去学时髦，捏着鼻子学那悲哀的“老婢声”的“洛生咏”，那就过了分，也就是赵宋以来所谓“酸”了。

唐朝韩愈有《八月十五夜赠张功曹》诗，开头是：

纤云四卷天无河，
清风吹空月舒波。
沙平水息声影绝，
一杯相属君当歌。

接着说：

君歌声酸辞且苦，
不能听终泪如雨。

接着就是那“酸”而“苦”的歌词：

洞庭连天九疑高，
蛟龙出没猩鼯号。
十生九死到官所，
幽居默默如藏逃。
下床畏蛇食畏药，
海气湿蛰熏腥臊。
昨者州前捶大鼓，
嗣皇继圣登夔皋。
赦书一日行万里，
罪从大辟皆除死。
迁者追回流者还，
涤瑕荡垢清朝班。
州家申名使家抑，
坎轲只得移荆蛮。
判司卑官不堪说，
未免捶楚尘埃间。
同时辈流多上道，
天路幽险难追攀。

张功曹是张署，和韩愈同被贬到边远的南方，顺宗即位，只奉命调到近一些的江陵做个小官儿，还不得回到长安去，因此有了这一番冤苦的话。这是张署的话，也是韩愈的话。但是诗里接着说：

君歌且休听我歌，
我歌今与君殊科。

韩愈自己的歌只有三句：

一年明月今宵多，
人生由命非由他，
有酒不饮奈明何？

他说认命算了，还是喝酒赏月吧。这种达观其实只是苦情的伪装而已。前一段“歌”虽然辞苦声酸，倒是货真价实，并无过分之处。由那“声酸”知道吟诗的确有一种悲凉的声调，而所谓“歌”其实只是讽咏。大概汉朝以来不像春秋时代一样，士大夫已经不会唱歌，他们大多数是书生出身，就用讽咏或吟诵来代替唱歌。他们——尤其是失意的书生的苦情就发泄在这种吟诵或朗诵里。

战国以来，唱歌似乎就以悲哀为主，这反映着动乱的时代。《列子·汤问》篇记秦青“抚节悲歌，声振林木，响遏行云”，又引秦青的话，说韩娥在齐国雍门地方“曼声哀哭，一里老幼悲愁垂涕相对，日不食”，后来又“曼声长歌，一里老幼，善跃抃舞，弗能自禁”。这里说韩娥虽然能唱悲哀的歌，也能唱快乐的歌，但是和秦青自己独擅悲歌的故事合看，就知道还是悲歌为主。再加上齐国杞梁的妻子哭倒了城的故事，就是现在还在流行的孟姜女哭倒长城的故事，悲歌更为动人，是显然的。

书生吟诵，声酸辞苦，正和悲歌一脉相传。但是声酸必须辞苦，辞苦又必须情苦；若是并无苦情，只有苦辞，甚至连苦辞也没有，只有那供人酸鼻的声调，那就过了分，不但不能动人，反要遭人嘲弄了。书生往往自命不凡，得意的自然有，却只是少数，失意的可太多了。所以总是叹老嗟卑，长歌当哭，哭丧着脸一副可怜相。

朱子在《楚辞辩证》里说汉人那些模仿的作品“诗意平缓，意不深切，如无所疾痛而强为呻吟者”。“无所疾痛而强为呻吟”就是所谓“无病呻吟”。后来的叹老嗟卑也正是无病呻吟。有病呻吟是紧张的，可以得人同情，甚至叫人酸鼻；无病呻吟，病是装的、假的，呻吟也是装的、假的，假装可以酸鼻的呻吟，酸而不苦像是丑角扮戏，自然只能逗人笑了。

苏东坡有《赠诗僧道通》的诗：

雄豪而妙苦而腴，
只有琴聪与蜜殊。
语带烟霞从古少，
气含蔬笋到公无。
…………

查慎行注引叶梦得《石林诗话》说：

近世僧学诗者极多，皆无超然自得之趣，往往掇拾模仿士大夫所残弃，又自作一种体，格律尤俗，谓之“酸馅气”。子瞻……尝语人曰：“颇解‘蔬笋’语否？为无‘酸馅气’也。”闻者无不失笑。

东坡说道通的诗没有“蔬笋”气，也就没有“酸馅气”，和尚修苦行，吃素，没有油水，可能比书生更“寒”更“瘦”；一味反映这种生活的诗，好像酸了的菜馒头的馅儿，干酸，吃不得，闻也闻不得，东坡好像是说，苦不妨苦，只要“苦而腴”，有点儿油水，就不至于那么扑鼻酸了。这酸气的“酸”还是从“声酸”来的。而所谓“书生气味酸”，该就是指的这种“酸馅气”。和尚虽苦，出家人原可“超然自得”，却要学吟诗，就染上书生的酸气了。书生失意的固然多，可是叹老嗟卑的未必真的穷苦到他们嗟叹的那地步；倒是“常得无事”，就是“有闲”，有闲就无聊，无聊就作成他们的“无病呻吟”了。

宋初西昆体的领袖杨亿讥笑杜甫是“村夫子”，大概就是嫌他叹老嗟卑的太多。但是，杜甫“窃比稷与契”，嗟叹的其实是天下之大，绝不止于自己的鸡虫得失。杨亿是个得意的人，未免忘其所以，才说出这样不公道的话。可是像陈师道的诗，叹老嗟卑，吟来吟去，只关一己，的确叫人腻味。这就落了套子，落了套子就不免有些“无病呻吟”，也就是有些“酸”了。

道学的兴起表示书生的地位加高，责任加重，他们更其自命不凡了，自嗟自叹也更多了。就是眼光如豆的真正的“村夫子”或“三家村学究”，也要哼哼唧唧地在人面前卖弄那背得的几句死书，来嗟叹一切，好搭起自己的读书人的空架子。鲁迅先生笔下的“孔乙己”，似乎是个更破落的读书人，然而“他对人说话，总是满口之乎者也，教人半懂不懂的”。人家说他偷书，他却争辩着，“窃书不能算偷……窃书！……读书人的事，能算偷么?”“接连便是难懂的话，什么‘君子固穷’，什么‘者乎’之类，引得众人都哄笑起来。”孩子们看着他的茴香豆的碟子：

孔乙己着了慌，伸开五指将碟子罩住，弯下腰去说道：“不多了，我已经不多了。”直起身又看一看豆，自己摇头说：“不多不多！‘多乎哉？不多也。’”于是这一群孩子都在笑声里走散了。

破落到这个地步，却还只能“满口之乎者也”，和现实的人民隔得老远的，“酸”到这地步真是可笑又可怜了。“书生本色”虽然有时是可敬的，然而他的酸气总是可笑又可怜的。最足以表现这种酸气的典型，似乎是戏台上的文小生，尤其是昆曲里的文小生，那哼哼唧唧、扭扭捏捏、摇摇摆摆的调调儿，真够“酸”的！这种典型自然不免夸张些，可是许差不离儿罢。

向来说“寒酸”“穷酸”，似乎酸气老聚在失意的书生身上。得意之后，见多识广，加上“一行作吏，此事便废”，那时就会不再执着在书上，至少不至于过分地执着在书上，那“酸气味”是可以多多少少“洗”掉的。而失意的书生并非都有酸气。他们可以看得开些，所谓达观，但是达观也不易，往往只是伪装。他们可以看远大些，“梗概而多气”是雄风豪气，不是酸气。

至于近代的知识分子，让时代逼得不能读死书或死读书，因此也就不再执着那些古书。文言渐渐改了白话，吟诵用不上了；

代替吟诵的是又分又合的朗诵和唱歌。最重要的是他们看清楚了自己，自己是在人民之中，不能再自命不凡了。他们虽然还有些闲，可是要“常得无事”却也不易。他们渐渐丢了那空架子，脚踏实地向前走去。早些时还不免带着感伤的气氛，自艾自怜，一把眼泪一把鼻涕的；这也算是酸气，虽然念诵的不是古书而是洋书。可是这几年时代逼得更紧了，大家只得抹干了鼻涕眼泪走上前去。这才真是“洗尽书生气味酸”了。

一番语重心长的话·给现代中国青年

朱光潜

我在大学里教书,前后恰已十年，年年看见大批的学生进来，大批的学生出去。这大批学生中平庸的固居多数，英俊有为者亦复不少。我们辛辛苦苦地把一批又一批的训练出来，到毕业之后，他们变成什么样的人，做出什么样的事呢?

他们大半被一个共同的命运注定。有官做官，无官教书。就了职业就困于职业，正当的工作消磨了二三分光阴，人事的应付消磨了七八分光阴。他们所学的原来就不很坚实，能力不够，自然做不出什么真正事业来。时间和环境又不容许他们继续研究，不久他们原有的那一点浅薄学问也就逐渐荒疏，终身只在忙“糊口”，这样一来，他们的个人生命就平平凡凡地溜过去，国家的文化学术和一切事业也就无从发展。还有一部分人因为生活的压迫和恶势力的引诱，由很可有为的青年腐化为土绅劣豪或贪官污吏，把原来读书人的一副面孔完全换过，为非作歹，恬不知耻，使社会上颓风恶习一天深似一天，教育的功用究竟在哪里呢?

想到这点，我感觉到很烦闷。首先，就个人设想，像我这样教书的人把生命断送在粉笔屑中，眼巴巴地希望造就几个人才出来，得一点精神上的安慰，而年复一年地见到出学校门的学生们都朝一条平凡而黯淡的路径走，毫无补于文化的进展和社会的改善。这种生活有何意义？岂不是自误误人？其次，就国家民族的设想，在这严重的关头，性格已固定的一辈子人似已无大希望，可希望的只有少年英俊，国家耗费了许多人力和财力来培养成千成万的青年，也正是希望他们将来能担负国家民族的重任，而结果他们仍随着前一辈子人的覆辙走，前途岂不很黯淡？

青年们常欢喜把社会一切毛病归咎于站在台上的人们，其实在台上的人们也还是受过同样的教育，经过同样的青年阶段，他们也曾同样地埋怨前一辈子人。由此类推，到我们这一辈子青年们上台时，很可能的仍为下一辈子青年们所不满。今日有理想的青年到明日往往变成屈服于事实而抛弃理想的堕落者。社会变来变去，而组成社会的人变相没有变质，社会就不会彻底地变好。这五六十年来我们天天在讲教育，教育对于人的质料似乎没有发生很好的影响。这一辈子人睁着眼睛蹈前一辈子人的覆辙，下一辈子人仍然睁着眼睛蹈这一辈子人的覆辙，如此循环辗转，一报还一报，“长夜漫漫何时旦”呢？

社会所属望最殷的青年们，这事实和问题是值得郑重考虑的！时光向前疾驶，毫不留情去等待人，一转眼青年便变成中年老年，一不留意便陷到许多中年人和老年人的厄运。这厄运是一部悲惨的三部曲。第一部是悬一个很高的理想，要改造社会；第二部是发现理想与事实的冲突，意志与社会恶势力相持不下；第三部便是理想消灭，意志向事实投降，没有改革社会，反被社会腐化。给它们一个简题，这是“追求”“彷徨”“堕落”。

青年们，这是一条死路。在你们的天真烂漫的头脑里，它的危险性也许还没有得到深切的了解，你们或许以为自己绝不会走上这条路。但是我相信：如果你们没有彻底的觉悟，不拿出强毅的意志力，不下坚苦卓绝的功夫，不做脚踏实地的准备，你们是不成问题地仍走上这条路。数十年之后，你们的生命和理想都毁灭了，社会腐败依然如故，又换了一批像你们一样的青年来，仍是改革不了社会。朋友们，我是过来人，这条路的可怕我并没有夸张，那是绝对不能再走的啊！

耶稣宣传他的福音，说只要普天众生转一个念头，把心地洗干净，以仁爱为怀，人世就可立成天国。这理想简单到不能再简单，可是也深刻到不能再深刻。**极简单的往往是正途大道，因为易为人所忽略，也往往最不易实现。**本来是很容易的事而变成最难实现的，这全由于人的愚蠢、怯懦和懒惰。世间事之难就难在人们不知道或是不能够转一个念头，或是转了念头而没有力量坚持到底。幸福的世界里绝没有愚蠢者、怯懦者和懒惰者的地位。你要合理地生存，你**就要有觉悟、有决心、有奋斗的精神和能力**。

“知难行易”，这觉悟一个起点是我们青年所最缺乏的。大家都似在鼓里过日子，闭着眼睛醉生梦死，放弃人类最珍贵的清醒的理性，降落到猪豚一般随人饲养。随凡宰割。世间宁有这样痛心的事！青年们，目前只有一桩大事——觉悟——彻底地觉悟！你们正在做梦，需要一个晴天霹雳把你们震醒，把“觉悟”两字震到你们的耳里去。

“条条大路通罗马。”实现人生和改良社会都不必只有一条路径可走。每个人所走的路都应该由他自己审度自然条件和环境需要，逐渐摸索出来，只要肯走，迟早可以走到目的地。无论你走哪一条路，你都必定立定志向要做人；做现代的中国人，你必须有几个基本的认识。

其一，时代的认识——人类社会进化逃不掉自然律。关于进化的自然律，科学家们有不同的看法。依达尔文派学者，生物常在生存竞争中，最适者生存，不适者即归淘汰。依克鲁泡特金，社会的维持和发展全靠各分子能分工互助，互助也是本于天性。这两种相反的主张产生了两种不同的国际政治理想。一种理想是拥护战争，生存既是一种竞争，而在竞争中又只有最适者可生存，则造就最适者与维持最适者都必靠战争，战争是文化进展的最强烈的刺激剂。另一种理想是拥护和平，战争只是破坏，在战争中人类尽量发挥残酷的兽性，越残酷越贪摧毁，越不易团结，越不易共存共荣；要文化发展，我们需要建设，建设需要互助，需要仁爱，也需要和平。这两种理想各有片面的真理，相反适以相成，不能偏废。

我们的时代是竞争最激烈的时代，也是最需要互助的时代。竞争是事实而互助是理想。无论你竞争或是互助，你都要拿副本领来。在竞争中只有最适者才能生存，在互助中最不适者也不见得能坐享他人之成。所谓“最适”，就是最有本领，近代的率领是学术思想，是技术，是组织力。无论是个人在国家社会中，或是民族在国际社会中，有了这些本领，才能和人竞争，也才能和人互助，否则你纵想苟且偷生，也终归淘汰，自然铁律是毫不留情的。

其二，国家民族现在地位的认识——我国数千年来闭关自守。固有的文化可以自给自足，而且四围诸国家民族的文化学术水准都比我们的低，不曾感到很严重外来的威胁。从十九世纪以来，海禁大开，中国变成国际集团中的一分子，局面就陡然大变。我们现在遇到两重极严重的难关。首先，我们固有的文化学术不够应付现时代的环境。我们起初慑于西方科学与物质文明的威力，把固有的文化看得一文不值，主张全盘接收欧化；到现在所接收的还只是皮毛，毫不济事，情境不同，移植的树常不能开花结果，而且从两次大战与社会不安的状况来看，物质文明的误用也很危险，于是又有些人提倡固有文化，以为我们原来固有的全是对的。比较合理的大概是兼收并蓄，就中西两方成就截长补短，建设一种新的文化学术。但是文化学术须有长期的培养，不是像酵母菌可以一朝一夕制造出来的。我们从事于文化学术的人们能力都还太幼稚薄弱，还不配说建设。总之，我们旧的已去，新的未来，在这青黄不接的时候，我们和其他民族竞争或互助，几乎没有一套武器或工具在手里，这是一个极严重的局势。

其次，我们现在以全副精力抗战建国。这两重工作中抗战是急需，是临时的；建国是根本，是长久的。多谢英勇将士的努力，多谢国际局面的转变，我们的抗战已逼近最后的胜利。这是我们的一个空前的好机会，从此我们可以在国际社会中做一个光荣的分子，从此我们可以在历史上开一个新局面。

但是这“可以”只是“可能”而不是“必然”，由“可能”变为“必然”，还需要比抗战更艰苦的努力。抗战后还有成千成万的问题亟待解决，有许多恶习积弊要洗清，有许多文化事业和生产事业要建设。我们试问，我们的人才准备能否很有效率地担负这些重大的工作呢？要不然，我们的好机会将一纵即逝，我们的许多光明希望将终成泡影。我们的青年对此须有清晰的认识，须急起直追，抓住好时机不让放过。

其三，个人对于国家民族的关系的认识——世界处在这个剧烈竞争的时代，国家民族处在这个千钧一发的关头，我们青年人所处的地位何如呢？有两个重要的前提我们必须认识清楚：

第一，国家民族如果没有出路，个人就绝不会有出路；要替个人谋出路，必须先替国家民族谋出路。

第二，个人在社会中如果不能成为有力的分子，则个人无出路，国家民族也无出路。要个人在社会中成为有力的分子，必须有德有学有才，而德行学问才具都须经过艰苦的努力才可以得到。

以往我们青年的错误就在对这两个前提毫无认识。大家都只为个人打计算，全不替国家民族着想。我们忙着贪图个人生活的安定和舒适，不下功夫培养造福社会的能力，不能把自己所应该做的事做好，一味苟且敷衍，甚至用种种不正当的手段去求个人安富尊荣，钻营、欺诈、贪污，无所不至，这样一来，把社会弄得日渐腐败，国家弄得日渐贫弱。这是一条不能再走的死路，我已一再警告过。我们必须痛改前非，把一切自私的动机痛痛快快地斩除干净，好好地在国家民族的大前提上下功夫。

我们须知道，我们事事不如人，归根究底，还是我们的人不如人。现在要抬高国家民族的地位，我们每个人都必须培养健全的身体、优良的品格、高深的学术和熟练的技能，把自己造成社会中一个有力的分子。

这是三个最基本的认识。我们必须有这些认识，再加以坚苦卓绝的精神去循序实行，到死不懈，我们个人，我们国家民族，才能踏上光明的大道。

最后，我还须着重地说，我们需要彻底的觉悟。

悲剧与人生的距离

朱光潜

莎士比亚说得好：世界只是一座舞台，生命只是一个可怜的戏角。但从另一意义说，这种比拟却有不精当处。世界尽管是舞台，舞台却不能是世界。倘若坠楼的是你自己的绿珠，无辜受祸的是你自己的伊菲革涅亚，你会心寒胆裂。但是，她们站在舞台时，你却袖手旁观，眉飞色舞。纵然你也偶一洒同情之泪，骨子里你却觉得开心。有些哲学家说这是人类恶根性的暴露，把“幸灾乐祸”的大罪名加在你的头上。这自然是冤枉，其实你和剧中人物有何仇何恨?

看戏和做人究竟有些不同。杀曹操泄义愤，或是替罗密欧与朱丽叶传情书，就做人说，自是一种功德；就看戏说，似未免近于傻瓜。

悲剧是一回事，可怕的凶灾险恶又另是一回事。悲剧中有人生，人生中不必有悲剧。我们的世界中有的是凶灾险恶，但是说这种凶灾险恶是悲剧，只是在修辞用比譬。悲剧所描写的固然也不外凶灾险恶，但是悲剧的凶灾险恶是在艺术锅炉中蒸馏过来的。

像一切艺术一样，戏剧要有几分近情理，也要有几分不近情理。它要有几分近情理，否则它和人生没有接触点，兴味索然；它也要有几分不近情理，否则你会把舞台真正看作世界，看《奥瑟罗》回想到自己的妻子，或者老实递消息给司马懿，说诸葛亮是在演空城计！

“软玉温香抱满怀，春至人间花弄色，露滴牡丹开”，淫词也，而读者在兴酣采烈之际忘其为淫，正因在实际人生中谈男女间事，话不会说得那样漂亮。俄狄浦斯弑父娶母，奥瑟罗信谗杀妻，悲剧也，而读者在兴酣采烈之际亦忘其为悲，正因在实际人生中天公并未曾濡染大笔，把痛心事描绘成那样惊心动魄的图画。

悲剧和人生之中自有一种不可跨越的距离，你走进舞台，你便须暂时丢开世界。

悲剧都有些古色古香。希腊悲剧流传于人间的几十部之中只有《波斯人》一部是写当时史实，其余都是写人和神还没有分家时的老故事、老传说。莎士比亚并不醉心古典，在这一点他却近于守旧。他的悲剧事迹也大半是代远年湮的。十七世纪法国悲剧也是如此。拉辛在《巴雅泽》（*Bajazet*）序文里说：“说老实话，如果剧情在哪一国发生，剧本就在哪一国表演，我不劝作家拿这样近代的事迹做悲剧。”他自己用近代的“巴雅泽”事迹，因为它发生在土耳其，“国度的辽远可以稍稍补救时间的邻近”。

莎士比亚也很明白这个道理。《奥瑟罗》的事迹比较晚。他于是把它的场合摆在意大利，用一个来历不明的黑面将军做主角。这是以空间的远救时间的近。他回到本乡本土搜材料时，他心焉向往的是李尔王、麦克白一些传说上的人物。这是以时间的远救空间的近。你如果不相信这个道理，让孔明脱去他的八卦衣，丢开他的羽扇，穿西装吸雪茄烟登场！

悲剧和平凡是不相容的，而在实际上不平凡就失人生世相的真面目。所谓“主角”，同时都有几分“英雄气”。普罗米修斯、哈姆雷特乃至无恶不作的埃及皇后克莉奥佩特拉都不是我们凡人所能望其项背的，我们凡人没有他们的伟大魄力，却也没有他们那副傻劲儿。许多悲剧情境移到我们日常世界中来，都会被妥协酿成一个平凡收场，不至引起轩然大波。如果你我是俄狄浦斯，要逃弑父娶母的预言，索性不杀人，独身到老，便什么祸事也没有。如果你我是哈姆雷特，逞义气，就痛痛快快地把仇人杀死；不逞义气，便低首下心称他作父亲，多么干脆！悲剧的产生就由于不平常人睁着大眼睛向我们平常人所易避免的灾祸里闯。悲剧的世界和我们是隔着一层的。

这种另一世界的感觉往往因神秘色彩而更加浓厚。悲剧压根儿就是一个不可解的谜语，如果能拿理性去解释它的来因去果，便失其为悲剧了。善有善报，恶有恶报，是人类的普遍希望，而事实往往不如人所期望，不能尤人，于是怨天，说一切都是命运。悲剧是不虔敬的，它隐约指示冥冥之中有一个捣乱鬼，但是这个捣乱鬼的面目究竟如何，它却不让我们知道，本来它也无法让我们知道。看悲剧要带几分童心，要带几分原始人的观世法。狼在街上走，枭在白天里叫，人在空中飞，父杀子，女驱父，普洛斯彼罗呼风唤雨，这些光怪陆离的幻象，如果拿读《太上感应篇》或是计较油盐柴米的心理去摸索，便失其为神奇了。

艺术往往在不自然中寓自然。一部《红楼梦》所写的完全是儿女情，作者却要把它摆在“金玉缘”一个神秘的轮廓里。一部《水浒传》所写的完全是侠盗生活，作者却要把它的根源埋到“伏魔之洞”。戏剧在人情物理上笼上一层神秘障，也是惯技。梅特林克的《普莱雅斯和梅丽桑德》写叔嫂的爱，本是一部人间性极重要的悲剧，作者却把场合的空气渲染得阴森冷寂如地窖，把剧中人的举止言笑描写得如僵尸活鬼，使观者察觉不到它的人间性。邓南遮的《死城》也是如此。别说什么自然主义或是写实主义，易卜生写的在房子里养野鸭来打的老头儿，是我们这个世界里的人物吗？

像一切艺术一样，戏剧和人生之中本来要有一种距离，所以免不了几分形式化，免不了几分不自然。人事里哪里有恰好分成五幕的？谁说情话像张君瑞一样出口成章？谁打仗只用几十个人马？谁像奥尼尔在《奇妙的插曲》里所写的角色当着大众说心中隐事？以此类推，古希腊和中国旧戏的角色戴面具，穿高跟鞋，拉了嗓子唱，以及许多其他不近情理的玩意儿未尝没有几分情理在里面。它们至少可以在舞台和世界之中辟出一个应有的距离。

悲剧把生活的苦恼和死的幻灭通过放大镜，射到某种距离以外去看。苦闷的呼号变成庄严灿烂的意象，霎时使人脱开现实的重压面游魂于幻境，这就是尼采所说的“从形相得解脱”（redemption through appearance）。

文　牛

老　舍

干哪一行的总抱怨哪一行不好。在这个年月能在银行里大小有个事儿，总该满意了，可是我的在银行做事的朋友们，当和我闲谈起来，没有一个不觉得怪委屈的。真的，我几乎没有见过一个满意、夸赞他的职业的。我想，世界上也许有几位满意于他们的职业的人，而这几位人必定是英雄好汉。拿破仑、牛顿、爱因斯坦、罗斯福，大概都不抱怨他们的行业“没意思”。虽然不自居拿破仑与牛顿，我自己可是一向满意我的职业。我的职业多么自由啊！我用不着天天按时候上课或上公事房，我不必等七天才到星期日；只要我愿意，我可连着有一个星期的星期日！

我的资本很小，纸笔墨砚而已。我的生活可以按照自己的意思安排，白天睡，夜里醒着也好，昼夜都不睡也可以；一日三餐也好，八餐也好！反正我是在我自己的屋里操作，别人也不能敲门进来，禁止我把脚放在桌子上。专凭这一点自由，我就不能不满意我的职业。况且，写得好吧歹吧，大致都能卖出去，喝粥不成问题，倒也逍遥自在；虽然因此而把妒忌我的先生们鼻子气歪，我也没法子代他们去扳正！

可是，在近几个月来，也不知怎么我也失去了自信，而时时不满意我的职业了。这是吉是凶，且不去管，我只觉得“不大是味儿！”心里很不好过！

我的职业是“写”。只要能写，就万事亨通，可是，近来我写不上来了！问题严重得很，我不晓得生了娃娃而没有奶的母亲怎样痛苦，我可是晓得我比她更痛苦。没有奶，她可以雇乳娘，或买代乳粉，我没有这些便利。写不出就是写不出，找不到代替品与代替的人。

天天能写一点，确实能觉得很自由自在，赶到了一点也写不出的时节呀，哈哈，你便变成世界上最痛苦的人！你的自由，闲在，正是对你的刑罚；你一分钟一分钟无结果地度过，也就每一分钟都如坐针毡！你不但失去工作与报酬，你简直失去了你自己！

一夏天除了阴雨，我的卧室兼客厅兼饭厅兼浴室兼书房的书房，热得老像一只大火炉。夜间一点钟以后，我才能勉强地进去睡。睡不到四小时，我就必须起来，好乘早凉儿工作一会儿；一过午，屋内即又成烤炉。一夏天，我没有睡足。睡不足，写的也就不多，一拿笔就觉得困啊。我很着急，但是想不出办法，缙云山上必定凉快，谁去得起呢！

入秋，我本想要“好好”地工作一番，可是天又霉，纸烟的价钱好像疯了似的往上涨。只好戒烟。我曾经声明：“先上吊，后戒烟！”以示至死不戒烟的决心。现在，自己打了嘴巴。最坏的烟卖到一百元一包（二十支：我一天须吸三十支），我没法不先戒烟，以延缓上吊之期了；人都惜命呀！没有烟，我只会流汗，一个字也写不出！戒烟就是自己跟自己摔跤，我怎能写字呢？半个月，没写出个一个字！

烟瘾稍杀，又打摆子，本来贫血，摆子使血更贫。于是，头又昏起来。不留神，猛一抬头，或猛一低头，眼前就黑那么一下，老使人有“又要停电”之感，每天早上，总盼着头不大昏，幸而真的比较清爽，我就赶快地高高兴兴去研墨，期望今天一下子能写出两三千字来。墨研好了，笔也拿在手中，也不知怎么的，头中轰的一下，生命成了空白，什么也没有了，除了一点轻微的嗡嗡的响声。这一阵好容易过去了，脑中开始抽着疼，心中烦躁得要狂喊几声！只好把笔放下——文人缴械！一天如此，两天如此，忍心地、耐心地敷衍自己：“明天会好些的！”

第三天还是如此，我开始觉得：“我完了！”放下笔，我不会干别的！是的，我晓得我应当休息。并且应当吃点补血的东西——豆腐、猪肝、猪脑、菠菜、红萝卜等。但是，这年月谁休息得起呢？紧写慢写还写不出香烟钱怎敢休息呢？至于补品，猪肝岂是好惹的东西，而豆腐又一见双眉紧皱，就是菠菜也不便宜啊！如此说来，理应赶快服点药，使身体从速好起来。可是西药贵如金，而中药又无特效。怎么办呢？到了这般地步，我不能不后悔当初为什么单单选择这一门职业了！唱须生的倒了嗓子，唱花旦的损了面容，大概都会明白我的苦痛：这苦痛是来自希望与失望的相触，天天希望，天天失望，而生命就那么一天天地白白地摆过去，向绝望与毁灭！

最痛苦是接到朋友征稿的函信的时节。

朋友不仅拿你当作个友人，而且是认为你是会写点什么的人。可是，你须向友人们道歉；你还是你，你也已经不是你——你已不能够作了！

吃的是草，挤出的是牛奶；可是，文人的身体并不和牛一样壮，怎么办呢？

青年朋友们，假使你没有变成一头牛的把握，请不要干我这一行事吧；当你写不出字来的时候，你比谁的苦痛都更大！我是永不怨天尤人的人，今天我只后悔自己选错了职业——完全是我自己的事，与别人毫不相干。我后悔做了写家，正如我后悔“没”做生意，或税吏一样；假若我起初就做着囤积居奇，与暗中拿钱的事，我现在岂不正兴高彩烈地自庆前程远大吗？啊，青年朋友们，即使你健壮如牛，也还要细想一想再决定吧，即在此处，牛恐怕是永远没有希望的动物，管你，和我一样的，不怨天尤人。

大智若愚

老　舍

学会了作文章（文章不一定就是文艺），而后中了状元，而后无灾无病做到公卿，这恐怕是历来的文人的最如意的算盘。相传既久，心理就不易一时改变过来；于是在今天也许还有不少的人想用文章猎取利禄与声名。可是，这个心理必须改变，因为它正是把文艺置之死地的祸根。

要搞文艺就必先决定去牺牲。你要忘了个人的利益与幸福，你才能做一辈子文人，为文艺而生，为文艺而死。在物质享受上，稿费版税永远不能比囤积走私的来头大；在精神上，思想永远是自取烦恼的东西。相安无事便是一夜无话，文艺也就无从产生。不甘相安无事，你便必苦心焦虑地思索，而后把那最好的，最有价值的话说出来，而后你还要认真地去驳辩，勇敢地做真理的律师。这些，都给你带来痛苦，也许会要掉了脑袋。好话永远不甜蜜悦耳，而真理永远是用生命换得来的。

这样说来，你假若想要以一半篇作品取个文艺者的头衔，从而展开一条小小的路径，去弄点钱花，娶个相当漂亮的太太，或且作一番与文艺无关的事业，则似乎大可不必，因为文艺最忌敷衍，最忌脚踩两只船；顶好卖什么吆喝什么，大不该只在“好玩”，或“方便”上要些玄虚。

只要你一想到为文艺服役，你就须马上想到一切苦处，像要去做和尚那样斩尽尘根，硬是准备满身虱子连搔也不去搔一下！你要知道，凡是要救世的都须忘了自己，丧掉自己的生命。

你要准备下那最高的思想与最深的感情，好长出文艺的花朵，切不可只在文字上用功夫，以文字为神符。文字不过是文艺的工具。一把好锯并不能使人变为好木匠。

即使那是真的，你也不要先去揣摩某人怎么仗着舅舅的力量而印出两本书，或某人怎么出巧计而做了编辑，从而千方百计地去仿效。文艺中无巧可取，你千万别自欺欺人！你知道，文艺者对别人是“大智”，对自己却是“大愚”！

文艺学徒

老　舍

我想刻一块图章，上边用这么四个字——“文艺学徒”。为什么呢？您看，每逢我写履历的时候，在职业栏中我只能填上“作家”二字。因为我的确是以写作为业。填完，我的脸就红起来，有时候甚至由红转绿。假若能够以“文艺学徒”代替“作家”，我一定会觉得舒服一些。

作家，这是个多么了不起的称号啊！一个作家应当同时是个思想家；要不然，他就只能做个文匠或八股匠。我是不是个思想家呢？人总得诚实吧？好，既不该扯谎，我就必须连连摇头，以免自欺欺人。

再看，我们所处的是不是科学跃进的时代呢？一点不错，是的。要不怎么人造卫星与行星都陆续上了天呢？且不说天上的事吧，就专说地上人间，不是也由于科学的应用，人类的文化正起着很大的变化吗？难道一个作家应当对科学毫无所知，到工厂参观之后只交代一声“那里的机器怒吼了”就行了吗？这就要自问：我吗？还是不该扯谎；那么，还是只好连连摇头！

至于科学知识，在今天既已成为与我们的生活分不开的，作家就必须掌握一些。再说，作家对事物的分析，也必须运用科学方法，才能够正确。事物分析未清，纵有生花之笔，也未见得能够尽到传播真理的责任。

哲学与科学，这么看来，简直是作家的左右手。

那么，作家就该努力学习哲学与科学，而忘了艺术吗？谁说的？我现在正要从艺术修养上查看查看自己。

作家也是艺术家吧？应该懂得点艺术吧？对！那么，我懂音乐吗？懂绘画吗？懂舞蹈吗？回答倒省事：都不懂！

好啦，外国的最好的芭蕾舞来了，我去鼓掌。怎么单鼓掌呢？这是实话。人家鼓掌，我也跟着鼓掌；我连领头儿鼓掌也不敢啊，怕鼓错了地方。看完了不写一段短文吗？哎呀，连鼓掌还须留着神，我怎么写文章呢？

过两天，又来了外国最有名的管弦乐队。这回，我写了文章。刊物编辑部退回来了。我能怪编辑同志吗？我写的是：音好，因为很响啊！

我的天，我是多么朴素的作家呀！可惜，这样的朴素差不多即等于无知啊！

有人也许说：你要求的太多了；音乐、绘画什么的对你有什么用处呢？

好，让咱们谈谈“用处”吧。您看，我的作品是不是写得有点干巴巴的，是！怎能不是呢？许多事情我不敢描写，包括对音乐、绘画、舞蹈等的欣赏与享受，因为不懂啊。这就减少了作品内容的丰富多姿。知道得少，笔墨的活动便受了限制。再说，既不懂音乐，我的耳朵就不灵；写一首诗吧，缺欠音声之美，难以上口、悦耳；写一首歌吧，文字的安排是那么别扭，叫制谱者流汗不已，无法以音乐之美发挥语言之美。既不懂绘画，我就往往不善于取景，不会三言两笔描画出一段鲜明的景色来。

不错，艺术各部门都各有自己的领域，各有自己的工具。可是它们也都能相互为用，产生更好的效果。在远古时代，诗歌、舞蹈、音乐本是三位一体的，后来才分了家。我们的戏曲，还保存着这个三位一体的好处。我们编写一出戏曲而不懂这三者的如何结合是不会写得出色的。

您看，京剧四大名旦不但在剧艺上各有创造，而且都能写善画。记得梅兰芳大师说过，大意是：学点绘画，会运用五颜六色，大有助于舞台布景及服装的设计。这话对，看看他的行头是多么美丽而又合乎剧中人的身份啊！不但绘画学习的本身就是一种艺术享受，而且能应用到舞台上去，这多么好啊！一位艺术家的生活享受，还能应用到舞台上去，这多么好啊！一位艺术家的生活越丰富，知道得越宽，就越敢放胆创造。

再看，余叔岩与言菊朋二位名须生吧。他们都精研韵律，所以他们能够唱得依字行腔，韵味浓厚。他们“唱”，不扯着脖子乱“喊”。

说到这里，就非请出郭老来作证不可了。郭老是诗人、科学家、古文字学家、历史学家、文学家、和平战士，萃于一身。他博学多闻，生活经验丰富，又掌握了科学分析的方法。他还善于鉴定古器。他喜爱观赏绘画，并且写得一笔好字。他有这么多本领，所以他对作家这个称号的确当之无愧！

咱们历史上的文人都讲究在诗文之外还学习琴棋书画，并争取上知天文，下晓地理。郭老承袭了这个传统，可比古人还高超许多。古人不大懂科学，郭老懂；古人只知真草隶篆，而郭老是甲骨文研究的专家。甲骨文是真草隶篆的老祖宗啊！没有郭老的历史知识、科学的考证方法和诗人的想象，就创作不出郭老的那些部历史戏来。

齐白石大师也多么伟大呀：画好，诗好，刻印好，书法好。在他的一幅作品里，四妙咸备，样样表现着他终生勤学苦练、奋斗不懈的精神。

用上述的那些大师来衡量自己，是有好处的。是的，在他们的面前，我怎能不想以“文艺学徒”代替“作家”呢？

这篇小文本是为表示我自己的态度，可是我必须顺手提到两位给我来过信的青年。这两位青年只代表他们自己，不代表别人。一位是初中学生，告诉我：他要马上停学，专搞文艺创作，以便及早成为作家。您看，他的连历史、地理、物理、化学等基本知识都弃而不学的办法妥当吗？我不想多说什么。

另一位青年来信控诉：我写了一篇小说，六次投稿，六次退回；这是怎么一回事？我知道，这位青年人求成心切，愿意一战成功。可是，检查自己一下，究竟自己都具备了哪些当作家的条件，是不是比控告刊物编辑更聪明呢？即使那一篇小说被选用了，又怎样呢？随时努力从各方面充实自己，自有成功的那一天；随时发表可有可无的作品，尽管做了作家协会的会员，又有什么好处呢？

我知道，作家的称号每每使我面红耳赤，我年已六十，也许连文艺学徒也当不好了。我切盼这位有志于文艺创作的青年先放下当作家的虚心，而去真下一番苦功夫，从社会主义哲学思想上、科学知识上、艺术修养上、生活经验上、道德品质上，充实自己。创作出优秀的作品是勤学苦练、博学多闻的结果；反之，不事耕耘，但求收获，恐怕不会得到什么好结果。

现代青年的烦闷

傅　雷

一九三二年十月二十八日《晨报·时代文艺》曾刊拙译《世纪病》一文，此次《学灯》编者又以一九三三年元旦特大号文字见嘱，我特地再用《世纪病》相类的题材，把若干现代西方青年的不安精神状态作一番介绍。这并非要引起现代中国青年们的烦躁——这烦躁，不待我引起，也许他们已经感到——而是因为烦闷是文艺创造的源泉，由于它的反省和刺激内在生活使其活跃的作用上，可以领导我们往深邃的意境中去寻求新天地。而且烦闷唯有在人类心魂觉醒的时候才能感到，在这数千年来为智（sagesse）的教训磨炼到近于麻痹的中国人精神上给他一个刺激，亦非无益之事。

阿那托·法郎士曾言："只有一件事可以使人类的思想感到诱惑便是烦闷。绝对不感到烦躁的心灵令我厌恶而且愤怒。"的确，在历史上，每个灿烂的文艺时代，总是由不安的分子鼓动激荡起来的！古典派和浪漫派一样，不过前者能够遏止烦闷，而后者为烦闷所征服罢了。在个人的体验上，心境的平和固然是我们大部分人所渴望的乌托邦，但这种幸福只有睡在坟墓里叹了最后一口气时才能享受。而且，就令我们在生命中获得这绝对的平和（它的名字很多，如宁静、休息等），我们反而要憎恨它；失掉了心的平和，我们又要一心一意地企念它：这是人类永远的悲剧。不独如此，人类的良知一朝认识了烦闷的真价值，还幽密地在烦闷中感到残酷的喜乐。

西方的医药上有一句谚语："世界上无所谓病，只有病人。"《论世纪病》的作者乔治·勒公德把现代青年的骚乱归于现代社会的和思想上的骚乱；这无异是"世界上无所谓烦闷，只有烦闷的人"的看法。固然，我们承认他有理。在一班所谓健全的，尤其是享受惯温和的幸福的人眼中，烦闷者是失掉了心灵均衡的病人。然而要知道，烦闷的人是失掉了均衡，正在热烈地寻找新的均衡。他们的欲望无穷，奢念无穷，永远不能满足，如果有一班自命为烦闷者，突然会恢复他们的宁静，那是因为他们的烦闷，实在并不深刻，而是表面的、肤浅的。真正在苦闷中煎熬的人绝不能以一种答案自满，他们要认识得更透彻、更多。他们怕找到真理，因为从此以后，他们不能再希望一个更高卓的真理。唯有"信仰"是盲目的，烦闷的人永远悲苦地睁大着眼睛。

每个人在他生命中限制自己。每个人把他要求解决的问题按照他自己的身份加以剪裁。这自然是聪明的办法。他们不愿多事徒劳无益的追求。实在，多少代的人类曾追求哲学、伦理美学等的理想而一无所获！然而没有一个时代的人类因此而停止去追求。因为他们觉得世俗的所谓"稳定""宁静""平和"，只是"死"的变相的名称。"死"是西方人所最不能忍受的，他们极端执着“生”。

烦闷的现象是多方面的，又是随着每个人而变动的。从最粗浅的事情上说，每个人想起他的死，岂不是要打一个寒噤？听到人家叙述一个人受伤的情景而无动于衷是非人的行为。因为，本能地，人类会幻想处在同样的境地，受到同样的痛苦。同样，一个人在路上遇到出殡的行列，岂非要兔死狐悲地哀伤？一切的人类真是自私得可怜！这自然是人类烦闷的一种原因，心理病学家亦认为烦闷是一种感情的夸大，对于一种实在的或幻想的灾祸的反动，可是认为烦闷是对于不测的事情的简单的恐怖，未免是肤浅的、不完全的观念。

因此，对于病态心理学造诣极深的作家，如保罗·布尔热亦不承认心灵上的病是完全由生理上的病引起的。生命被威胁的突然的恐怖，在原始民族中，确是烦闷的唯一原因。可是民族渐渐地长成以至老大，它的烦闷亦变得繁复、精微，在一般普通人的心目中也越显得渺茫不可捉摸。在这个过程中，我们自然承认有若干病的影响存在着，但除了病态心理学家的物的解释，还有精神上的现象更富意味。

人类在初期的物质恐怖以后，不久即易以形而上的恐怖。他们怕惧雷鸣，远在怕惧主宰雷鸣的上帝以前。原始时代的恐怖至此已变成烦闷，人类提出许多问题，如生和死的意义等。被这些无法解答的问题扰乱着，人类一方面不能获得宁息，另一方面不能超度那丰富的追求生活，于是他祝祷遗忘一切。柏斯格说过：“人类有一种秘密的本能，使他因为感到苦恼的无穷尽而到外界去寻觅消遣与事业；他另有一种秘密的本能，使他认识所谓幸福原在宁息而不在骚乱。这两种矛盾的本能，在人类心魂中形成一种渺茫的计划。想由骚动达到安息，而且自以为他得不到的满足会临到，如果他能够制胜他事业中的艰难，他便可直窥宁息的门户。”

这种烦闷的形而上的意义固是极有意味的，但它还不能整个地包括烦闷。烦闷，在人类的良心上还有反响——与形而上的完全独立的道德上的反响。例如，责任观念便是烦闷的许多标识之一。假定一个作家在创作的时候，为使他的文章更为完满起见，不应该想到著作对于群众将发生若何影响的问题，然而一本书写完之后，要作家不顾虑他的书将来对于读者的影响是件不可能的事。

教育的基本观念

傅　雷

本刊编者要我谈谈傅聪的成长，认为他的学习经过可能对一班青年有所启发。当然，我的教育方法是有缺点的；今日的傅聪，从整个发展来看也跟完美二字差得很远。但优点也好，缺点也好，都可供人借鉴。现在先谈谈我对教育的几个基本观念：

第一，把人格教育看作主要，把知识与技术的传授看作次要。童年时代与少年时代的教育重点，应当在伦理与道德方面，不能允许任何一桩生活琐事违反理性和最广义的做人之道；一切都以明辨是非，坚持真理，拥护正义，爱憎分明，守公德，守纪律，诚实不欺，质朴无华，勤劳耐苦为原则。

第二，把艺术教育只当作全面教育的一部分。让孩子学艺术，并不一定要他成为艺术家。尽管傅聪很早学钢琴，我却始终准备他更弦易辙，按照发展情况而随时改行的。

第三，即以音乐教育而论，也绝不能仅培养音乐一门，正如学画的不能单注意绘画，学雕塑学戏剧的，不能只注意雕塑与戏剧一样，需要以全面文学艺术修养为基础。

以上几项原则可用具体事例来说明。

傅聪三岁至四岁之间，站在小凳上，头刚好伸到和我的书桌一样高的时候，就爱听古典音乐。只要收音机或唱机上放送西洋乐曲，不论是声乐还是器乐，也不论是哪一乐派的作品，他都安安静静地听着，时间久了也不会吵闹或是打瞌睡。我看了心里想："不管他将来学哪一科，能有一个艺术园地耕种，他一辈子受用不尽。"我是存了这种心，才在他七岁半，进小学四年级的秋天，让他开始学钢琴的。

过了一年多，由于孩子学习进度快速，不能不减轻他的负担，我便把他从小学撤回。这并非说我那时已决定他专学音乐，只是认为小学的课程和钢琴学习可能在家里结合得更好。傅聪到十四岁为止，花在文史和别的学科上的时间，比花在琴上的为多。英文，数学的代数、几何等，另外请了教师。本国语文的教学主要由我自己掌握：从孔、孟、先秦诸子、《国策》《左传》《晏子春秋》《史记》《汉书》《世说新语》等上选材料，以富有伦理观念与哲学气息、兼有趣味性的故事、寓言、史实为主，以古典诗歌与纯文艺的散文为辅。用意是要把语文知识、道德观念和文艺熏陶结合在一起。

我还记得着重向他指出，"民可使由之，不可使知之"的专制政府的荒谬，也强调"左右皆曰不可，勿听；诸大夫皆曰不可，勿听；国人皆曰不可，然后察之"一类的民主思想，"富贵不能淫，贫贱不能移，威武不能屈"那种有关操守的教训，以及"吾日三省吾身""人而无信，不知其可也""三人行，必有吾师"等的生活作风。教学方法是从来不直接讲解，是让孩子事前准备，自己先讲；不了解的文义，只用旁敲侧击的言语指引他，让他自己找出正确的答案来；误解的地方也不直接改正，而是向他提出许多问题，使他自动发觉他的矛盾。目的是培养孩子的思考能力与基本逻辑。不过这方法也是有条件的，在悟性较差、智力发达较迟的孩子身上就行不通。

九岁半，傅聪跟了前上海交响乐队的创办人兼指挥，意大利钢琴家梅百器先生，他是十九世纪大钢琴家李斯特的再传弟子。傅聪在国内所受的唯一严格的钢琴训练，就是在梅百器先生门下的三年。

一九四六年八月，梅百器故世。傅聪换了几个教师，没有遇到合适的；教师们也觉得他是个问题儿童。同时很不用功，而喜爱音乐的热情并未稍减。从他开始学琴起，每次因为他练琴不努力而我锁上琴，叫他不必再学的时候，他都对着琴哭得很伤心。一九四八年，他正课不交卷，私下却乱弹高深的作品，以致杨嘉仁先生也觉得无法教下去了；我便要他改受正规教育，让他以同等学力考入高中（大同）附中。

我一向有个成见，认为一个不上不下的空头艺术家最要不得，还不如安分守己地学一门实科，对社会多少还能有贡献。不久我们全家去昆明，孩子进了昆明的粤秀中学。一九五〇年秋，他又自作主张，以同等学力考入云南大学外文系一年级。这期间，他的钢琴学习完全停顿，只偶尔为当地的合唱队担任伴奏。

可是他学音乐的念头并没放弃，昆明的青年朋友们也觉得他长此蹉跎太可惜，劝他回家。一九五一年初夏他便离开云南大学，只身回上海（我们是一九四九年先回的），跟苏联籍的女钢琴家勃隆斯丹夫人学了一年。那时（傅聪十七岁）我才肯定傅聪可以专攻音乐；因为他能刻苦用功，在琴上每天工作七八小时，就是酷暑天气，衣裤尽湿，也不稍休；而他对音乐的理解也显出有独到之处。除了琴，那个时期他还另跟老师念英国文学，自己阅读不少政治理论的书籍。一九五二年夏，勃隆斯丹夫人去加拿大。从此到一九五四年八月，傅聪又没有钢琴老师了。

一九五三年夏天，政府给了他一个难得的机会：经过选拔，派他到罗马尼亚去参加“第四届国际青年与学生和平友好联欢节”的钢琴比赛；接着又随我们的艺术代表团去民主德国与波兰做访问演出。他表演的肖邦受到波兰专家们的重视；波兰政府并向我们政府正式提出，邀请傅聪参加一九五五年二月至三月举行的“第五届肖邦国际钢琴比赛”。一九五四年八月，傅聪由政府正式派往波兰，由波兰的老教授杰维茨基亲自指导，准备比赛节目。比赛终了，政府为了进一步培养他，让他继续留在波兰学习。

在艺术成长的重要关头，遇到全国解放，政府重视文艺，大力培养人才的伟大时代，不能不说是傅聪莫大的幸运；波兰政府与音乐界热情的帮助，更是促成傅聪走上艺术大道的重要因素。但像他过去那样不规则的、时断时续的学习经过，在国外音乐青年中是少有的。肖邦比赛大会的总节目上，印有来自世界各国的七十四名选手的音乐资历，其中就以傅聪的资历最贫弱，竟是独一无二的贫弱。这也不足为奇，西洋音乐传入中国为时不过半世纪，师资的缺乏是我们的音乐学生普遍的苦闷。

在这种客观条件之下，傅聪经过不少挫折而还能有些少成绩，在初次去波兰时得到国外音乐界的赞许，据我分析，是由于下列几点：

（1）他对音乐的热爱和对艺术的严肃态度，不但始终如一，还随着年龄而俱长，从而加强了他的学习意志，不断地对自己提出严格的要求。无论到哪儿，他一看到琴就坐下来，一听到音乐就把什么都忘了。

（2）一九五一年、一九五二年正是他的艺术心灵开始成熟的时期，而正好他又下了很大的苦功：睡在床上往往还在推敲乐曲的章节句读，斟酌表达的方式，或是背乐谱，有时竟会废寝忘食。手指弹痛了，指尖上包着橡皮膏再弹。一九五四年冬，波兰女钢琴家斯曼齐安卡到上海，告诉我傅聪常常十个手指都包了橡皮膏登台。

（3）自幼培养的独立思考与注重逻辑的习惯，终于起了作用，使他后来虽无良师指导，也能够很有自信地单独摸索，而居然不曾误入歧途——这一点直到他在罗马尼亚比赛有了成绩，我才得到证实，放了心。

（4）他在十二三岁以前所接触和欣赏的音乐，已不限于钢琴乐曲，而是包括多种不同的体裁不同的风格，所以他的音乐视野比较宽广。

（5）他不用大人怎样鼓励，从小就喜欢诗歌、小说、戏剧、绘画，对一切美的事物、美的风景都有强烈的感受，使他对音乐能从整个艺术的意境，而不限于音乐的意境去体会，补偿了我们音乐传统的不足。不用说，他感情的成熟比一般青年早得多；我素来主张艺术家的理智必须与感情平衡，对傅聪尤其注意这一点，所以在他十四岁以前只给他念田园诗、叙事诗与不太伤感的抒情诗；但他私下偷看了我的藏书，不到十五岁已经醉心于罗曼蒂克文艺，把南唐后主的词偷偷地背给他弟弟听了。

（6）我来往的朋友包括多种职业，医生、律师、工程师、科学家、音乐家、画家、作家、记者都有，谈的题目非常广泛；偏偏孩子从七八岁起专爱躲在客厅门后窃听大人谈话，挥之不去，去而复来，无形中表现出他多方面的好奇心，而平日的所见所闻也加强和扩大了他的好奇心。家庭中的艺术气氛，关切社会上大小问题的习惯，孩子在长年累月的浸淫之下，在成长的过程中不能说没有影响。我们解放前对蒋介石政权的愤恨，朋友们热烈的政治讨论，孩子也不知不觉地感染了。十四岁那年，他因为顽劣生事而与我大起冲突的时候，居然想私自到苏北去参加革命。

远在一九五二年，傅聪演奏俄国斯克里亚宾的作品，深受他的老师勃隆斯丹夫人的称赏，她觉得要了解这样一位纯粹斯拉夫灵魂的作家，不是老师所能教授，而要靠学者自己心领神会的。一九五三年他在罗马尼亚演奏斯克里亚宾作品，苏联的青年钢琴选手们都为之感动得下泪。未参加肖邦比赛以前，他弹的肖邦已被波兰的教授们认为“富有肖邦的灵魂”，甚至说他是“一个中国籍贯的波兰人”。比赛期间，评判员中巴西的女钢琴家，七十高龄的塔里番洛夫人对傅聪说：“你有很大的才具，真正的音乐才具。除了非常敏感以外，你还有热烈的、慷慨激昂的气质，悲壮的感情，异乎寻常的精致，微妙的色觉，还有最难得的一点，就是少有的细腻与高雅的意境，特别像在你的《玛祖卡》中表现的。我历任第二、第三、第四届的评判员，从未听见这样天才式的《玛祖卡》。这是有历史意义的：一个中国人创造了真正《玛祖卡》的表达风格。”

英国的评判员路易士·坎特讷对他自己的学生说：“傅聪的《玛祖卡》真是奇妙，在我看来简直是一个梦，不能相信真有其事。我无法想象那么多的层次，那么典雅，又有那么多的节奏，典型的波兰玛祖卡节奏。”意大利评判员、钢琴家阿高斯蒂教授对傅聪说：“只有古老的文明才能给你那么多难得的天赋，肖邦的意境很像中国艺术的意境。”

这位意大利教授的评语，无意中解答了大家心中的一个谜。因为傅聪在肖邦比赛前后，在国外引起了一个普遍的问题：一个中国青年怎么能理解西洋音乐如此深切，尤其是在音乐家中风格极难掌握的肖邦？我和意大利教授一样，认为傅聪这方面的成就大半得力于他对中国古典文化的认识与体会。只有真正了解自己民族的优秀传统精神，具备自己的民族灵魂，才能彻底了解别个民族的优秀传统，渗透他们的灵魂。

一九五六年三月间南斯拉夫的报刊 *Politika*（《政治》）以《钢琴诗人》为题，评论傅聪在南国京城演奏莫扎特和肖邦两支钢琴协奏曲时，也说：“很久以来，我们没有听到变化这样多的触键，使钢琴能显出最微妙的层次的音质。在傅聪的思想与实践中间，在他对于音乐的深刻的理解中间，有一股灵感，达到了纯粹的诗的境界。傅聪的演奏艺术，是从中国艺术传统的高度明确性脱胎出来的。他在琴上表达的诗意，不就是中国古诗的特殊面目之一吗？他镂刻细节的手腕，不是使我们想起中国册页上的画吗？”

的确，中国艺术最大的特色，从诗歌到绘画到戏剧，都讲究乐而不淫，哀而不怨，雍容有度，讲究典雅，自然；反对装腔作势和过火的恶趣，反对无目的地炫耀技巧。而这些也是世界一切高级艺术共同的准则。

但是，正如我在傅聪十七岁以前不敢肯定他能专攻音乐一样，现在我也不敢说他将来究竟有多大发展。一个艺术家的路程能走得多远，除了苦修苦练，还得看他的天赋；这潜在力的多、少、大、小，谁也无法预言，只有在他不断发掘的过程中慢慢地看出来。傅聪的艺术生涯才不过开端，他知道自己在无穷无尽的艺术天地中只跨了第一步，很小的第一步；不但目前他对他的演奏难得有满意的时候，将来也远不会对自己完全满意，这是他亲口说的。

我在本文开始时已经说过，我的教育不是没有缺点的，尤其所用的方式过于严厉，过于偏急；因为我强调工作纪律与生活纪律，所以傅聪的童年时代与少年时代，远不如一般青少年的轻松快乐，无忧无虑。虽然如此，傅聪目前的生活方式仍不免散漫。他的这点缺陷，当然还有不少别的，都证明我的教育并没完全成功。

可是，有一个基本原则，我始终觉得并不错误，就是：做人第一，其次才是做艺术家，再次才是做音乐家，最后才是做钢琴家（我说“做人”是广义的：私德、公德，都包括在内；主要对集体负责，对国家、对人民负责）。或许，这个原则对旁的学科的青年也能适用。

论“第三种人”

鲁　迅

这三年来关于文艺上的论争是沉寂的，除了在指挥刀的保护之下，挂着“左翼”的招牌，在马克思主义里发现了文艺自由论，列宁主义里找到了杀尽“共匪”说的论客的“理论”之外，几乎没有人能够开口。然而，倘是“为文艺而文艺”的文艺，却还是“自由”的，因为他绝没有收了卢布的嫌疑。但在“第三种人”，就是“死抱住文学不放的人”，又不免有一种苦痛的预感：左翼文坛要说他是“资产阶级的走狗”。

代表了这一种“第三种人”来鸣不平的，是《现代》第三期和第六期上的苏汶先生的文章——我在这里先应该声明，我为便利起见，暂时用了“代表”“第三种人”这些字眼。虽然明知道苏汶先生的“作家之群”，是也如拒绝“或者”“多少”“影响”这一类不十分决定的字眼一样，不要固定的名称的，因为名称一固定，也就不自由了——他以为左翼的批评家，动不动就说作家是“资产阶级的走狗”，甚至将中立者认为非中立，而一非中立，便有认为“资产阶级的走狗”的可能，号称“左翼作家”者既然

“左而不作”，“第三种人”又要作而不敢，于是文坛上便没有东西了。然而文艺据说至少有一部分是超出于阶级斗争之外的，为将来的，这就是“第三种人”所抱住的真的、永久的文艺。但可惜，被左翼理论家弄得不敢作了，因为作家在未作之前，就有了被骂的预感。

我相信这种预感是会有的，而以“第三种人”自命的作家，也愈加容易有。我也相信作者所说，现在很有懂得理论，而感情难变的作家。然而感情不变，则懂得理论的度数，就不免和感情已变或略变者有些不同，而看法也就因此两样。苏汶先生的看法，由我看来，是并不正确的。

自然，自从有了左翼文坛以来，理论家曾经犯过错误，作家之中，也不但如苏汶先生所说，有“左而不作”的，还有由左而右，甚至于化为民族主义文学的小卒、书坊的老板、敌党的探子的。然而这些讨厌左翼文坛了的文学家所遗下的左翼文坛，却依然存在，不但存在，还在发展，克服自己的坏处，向文艺这神圣之地进军。

苏汶先生问过：克服了三年，还没有克服好吗？回答是：是的，还要克服下去，三十年也说不定。然而一面克服着，一面进军着，不会做待到克服完成，然后行进那样的傻事的。但是，苏汶先生说过“笑话”：左翼作家在从资本家那儿取得稿费。现在我来说一句真话，是左翼作家还在受封建的资本主义的社会的法律的压迫、禁锢、杀戮。所以左翼刊物，全被摧残，现在非常寥寥，既偶有发表，批评作品的也绝少，而偶有批评作品的，也并未动不动就指作家为“资产阶级的走狗”，而且不要“同路人”。左翼作家并不是从天上掉下来的神兵，或国外杀进来的仇敌，他不但要那同走几步的“同路人”，还要招诱那些站在路旁看看的看客也来同走呢。

但现在要问：左翼文坛现在因为受着压迫，不能发表很多的批评，倘一旦有了发表的可能，不至于动不动就指“第三种人”为“资产阶级的走狗”吗？我想，倘若左翼批评家没有宣誓不说，又只从坏处着想，那是有可能的，也可以想得比这还要坏。不过我以为这种预测，实在和想到地球也许有破裂之一日，而先行自杀一样，大可不必的。

然而苏汶先生的“第三种人”，却据说是为了未来的恐怖而“搁笔”了。未曾身历，仅仅因为心造的幻影而搁笔，“死抱住文学不放”的作家的拥抱力，又何其弱呢？两个爱人，有因为预防将来的社会上的斥责而不敢拥抱的吗？

其实，这“第三种人”的“搁笔”，原因并不在左翼批评的严酷。真实原因的所在，是在做不成这样的“第三种人”，做不成这样的人，也就没有了第三种笔，搁与不搁，还谈不到。

生在有阶级的社会里而要做超阶级的作家，生在战斗的时代而要离开战斗而独立，生在现在而要做给与将来的作品，这样的人，实在也是一个心造的幻影，在现实世界上是没有的。要做这样的人，恰如用自己的手拔着头发，要离开地球一样。他离不开，焦躁着，然而并非因为有人摇了摇头，使他不敢拔了的缘故。

所以虽是“第三种人”，一定超不出阶级的。苏汶先生就先在预料阶级的批评了，作品里又岂能摆脱阶级的利害；也一定离不开战斗的，苏汶先生就先以“第三种人”之名提出抗争了，虽然“抗争”之名又为作者所不愿受；而且也跳不过现在的，他在创作超阶级的，为将来的作品之前，先就留心于左翼的批评。

这确是一种苦境。但这苦境，是因为幻影不能成为实有而来的。即使没有左翼文坛作梗，也不会有“第三种人”，何况作品。但苏汶先生却又心造了一个横暴的左翼文坛的幻影，将“第三种人”的幻影不能出现，以至将来的文艺不能发生的罪孽，都推给它了。

左翼作家诚然是不高超的，连环图画、唱本，然而也不到苏汶先生所断定那样的没出息。左翼也要托尔斯泰、弗罗培尔，但不要“努力去创造一些属于将来（因为他们现在是不要的）的东西”的托尔斯泰和弗罗培尔。他们两个，都是为现在而写的，将来是现在的将来，于现在有意义，才于将来会有意义，尤其是托尔斯泰，他写些小故事给农民看，也不自命为“第三种人”，当时资产阶级的多少攻击，终于不能使他“搁笔”。左翼虽然诚如苏汶先生所说，不至于蠢到不知道“连环图画是产生不出托尔斯泰，产生不出弗罗培尔来”，但却可以产出密开朗该罗（米开朗基罗）、达文希（达·芬奇）那样伟大的画手。而且我相信，从唱本和说书里是可以产生托尔斯泰、弗罗培尔的。现在提起密开朗该罗们的画来，谁也没有非议了，但实际上，那不是宗教的宣传画，《旧约》的连环图画吗？而且是为了那时的“现在”的。

总括起来说，苏汶先生是主张“第三种人”与其欺骗，与其做冒牌货，倒还不如努力去创作，这是极不错的。

“定要有自信的勇气，才会有工作的勇气！”这尤其是对的。

然而苏汶先生又说，许多大大小小的“第三种人们”，却又因为预感了不祥之兆——左翼理论家之批评而“搁笔”了！

“怎么办呢？”

无事忙闲谈

郁达夫

诗人徐志摩氏未死的时候，我们都称他是一个无事忙者。一天到晚，他这里跑跑，那里走走，念几句诗，写两行信，又匆匆地打几个圈，看看男女的朋友们，和这个那个吃吃饭，接受接受来访问他的老少朋友，一天的工夫，就如此地忙忙碌碌地过去了。但其实呢，这些忙事，是一件也没有什么重要的，所以我们当时，就大家恭送了他一个称号，叫他作无事忙者。仿佛记得林黛玉曾以这名称奉敬宝玉，或者我们称志摩为无事忙，许也有点比拟他为宝玉的下意识在那里作怪。

这虽然是关于志摩的一段逸事，但一检点我们自己，则有许多地方，也觉得同志摩并没有什么大差别。一天到晚，一年到头，忙忙碌碌，去去来来，不晓得在那里做些什么。志摩是剩下了几卷新诗，安然回到了不会再忙的国境里去了；而生性鲁钝的我们，忙到现在，连同志摩那么一点儿成绩也没有，以后更还不知道要忙到什么时候，才能休止哩。

有人来问："想做一篇'五四'以来的中国文学，应该看些什么书籍，来作参考?”

我答：“若以作家为中心的论文，则只能看看各人的著作集，好在中国的新作家也并没有同外国那么地多。若以文艺团体为中心的研究，则初期的可去翻《新青年》《新思潮》等旧杂志，后期的去看《小说月报》《创造》《语丝》《向导》《文学导报》《文学月报》《萌芽》《新月》等。”

再问：“若依作风派别来研究，如古典派、浪漫派的作家如何如何，普罗派的作家如何如何之类，也使得吗?”

答：“这可不大便利，因为中国各派的作家，都是在差不多的时候产生的，什么什么派的名字，系由西洋文学史里抄译而得，并不是因文学的社会的背景，渐次进化而成。所以中国就根本没有什么古典主义的时代、浪漫主义的时代等好说。若以时代为中心，而划分几期来研究，则文学与社会的关系，还可以明白地看出来；若只以表现形式如浪漫派、古典派等外形来研究中国现代的文学，怕有点不大便利。”

又问：“若以时代为背景，则当然‘五四’是一期，‘五卅’是一期，‘九·一八’是一期，对吗?”

答：“大致是不错，不过从‘五卅事件’发生之后起，一直到国共分家的前夜止，文学上的意识是表现得不大明确的，所谓普罗文学的兴起，怕是在国共分家以后的事情罢?这当然又是一个重要的时期。”

日本女作家中条百合子，在左翼文艺团体的机关志上，接连地攻击了藤森成吉、须井一、藤泽恒夫、林房雄等的作品，指为非普罗文学。林房雄的反攻答辩，登在本年二月号的《改造》志上，这事情在五月号的《现代》志国外文艺通信栏里朱君也报告过的。我觉得当这一个法西斯怪兽横行世界的危急之秋，在他们左翼阵形里自己生了这种内讧，的确是有点助长敌势的危险。

当然，理论是要彻底的；战斗是要拒绝妥洽的，但文艺究竟不是政治，大可以不必把还用得着的好意的同路人或追随者一脚踢开。这事情的不利于左翼文坛的全般，可以以藤泽恒夫写给林房雄的一段信里的言语来作证明。

“我所噬脐痛恨的一件事情，是自己的到今天为止的工作态度，惶惶然只顾虑着了诸大先生的监视的目光，生怕挨骂，而结局只好杀死了自己所有的才能，勉强追随。因此之故，自己真不知受了多大的损失。唉，我到明年，也三十岁了，而你也在，自今以后，将决心大胆地把自己所欲写的东西彻底地写去。”

一读到这悲愤的自白，谁能不对于同路人的苦心而加以谅察！

“京派”和“海派”

鲁　迅

去年春天，京派大师曾经大大地奚落了一顿海派小丑，海派小丑也曾经小小地回敬了几手，但不多久，就完了。文滩上的风波，总是容易起，容易完，倘使不容易完，也真的不便当。我也曾经略略地赶了一下热闹，在许多唇枪舌剑中，以为那时我发表的所说，倒也不算怎么分析错了的。其中有这样的一段：

……北京是明清的帝都，上海乃各国之租界，帝都多官，租界多商，所以文人之在京者近官，没海者近商，近官者在使官得名，近商者在使商获利，而自己亦赖以糊口。要而言之：不过“京派”是官的帮闲，“海派”则是商的帮忙而已。……而官之鄙商，固亦中国旧习，就更使“海派”在“京派”眼中跌落了。

但到得今年春末，不过一整年带点零，就使我省悟了先前所说的并不圆满。目前的事实，是证明着京派已经自己贬损，或是把海派在自己眼睛里抬高，不但现身说法，演述了派别并不专与地域相关，而且实践了“因为爱他，所以恨他”的妙语。当初的京海之争，看作“龙虎斗”固然是错误，就是认为有一条官商之界也不免欠明白。因为现在已经清清楚楚，到底搬出一碗不过黄鳝田鸡，炒在一起的苏式菜——“京海杂烩”来了。

实例，自然是琐屑的，而且自然也不会有重大的例子。举一点罢。一是选印明人小品的大权，分给海派来了；以前上海固然也有选印明人小品的人，但也可以说是冒牌的，这回却有了真正老京派的题签，所以的确是正统的衣钵。二是有些新出的刊物，真正老京派打头，真正小海派煞尾了；以前固然也有京派开路的期刊，但那是半京半海派所主持的东西，和纯粹海派自说是自掏腰包来办的出产品颇有区别的。要而言之，今儿和前儿已不一样，京海两派中的一路，做成了一碗了。

到这里要附带一点声明：我是故意不举出那新出刊物的名目来的。先前，曾经有人用过“某”字，什么缘故我不知道。但后来该刊的一个作者在该刊上说，他有一位“熟悉商情”的朋友，以为这是因为不替它来作广告。这真是聪明的好朋友，不愧为“熟悉商情”。由此启发，仔细一想，他的话实在千真万确：被称赞固然可以代广告，被骂也可以代广告，张扬了荣是广告，张扬了辱又何尝非广告。例如罢，甲乙决斗，甲赢，乙死了，人们固然要看杀人的凶手，但也一样地要看那不中用的死尸，如果用芦席围起来，两个铜板看一下，准可以发一点小财的。我这回的不说出这刊物的名目来，主意却正在不替它作广告，我有时很不讲阴德，简直要妨碍别人的借死尸敛钱。然而，请老实的看官不要立刻责备我刻薄。他们哪里肯放过这机会，他们自己会敲了锣来承认的。

声明太长了一点了。言归正传。我要说的是直到现在，由事实证明，我才明白了去年京派的奚落海派，原来根柢上并不是奚落，倒是路远迢迢地送来的秋波。

文豪，究竟是有真实本领的，法朗士做过一本《泰绮思》，中国已有两种译本了，其中就透露着这样的消息。他说有一个高僧在沙漠中修行，忽然想到亚历山大府的名妓泰绮思，是一个贻害世道人心的人物，他要感化她出家，救她本身，救被惑的青年们，也给自己积无量功德。事情还算顺手，泰绮思竟出家了，他恨恨地毁坏了她在俗时候的衣饰。但是，奇怪得很，这位高僧回到自己的独房里继续修行时，却再也静不下来了，见妖怪，见裸体的女人。他急遁，远行，然而仍然没有效。他自己是知道因为其实爱上了泰绮思，所以神魂颠倒了的，但一群愚民，却还是硬要当他圣僧，到处跟着他祈求，礼拜，拜得他“哑子吃黄连”——有苦说不出。他终于决计自白，跑回泰绮思那里去，叫道“我爱你!”然而泰绮思这时已经离死期不远，自说看见了天国，不久就断气了。

不过京海之争的目前的结局，却和这一本书的不同，上海的泰绮思并没有死，她也张开两条臂膊，叫道“来嘘!”于是——团圆了。

《泰绮思》的构想，很多是应用弗洛伊特（弗洛伊德）的精神分析学说的，倘有严正的批评家，以为算不得“究竟是有真实本领”，我也不想来争辩。但我觉得自己却真如那本书里所写的愚民一样，在没有听到“我爱你”和“来嘘”之前，总以为奚落单是奚落，鄙薄单是鄙薄，连现在已经出了气的弗洛伊特学说也想不到。

到这里又要附带一点声明：我举出“泰绮思”来，不过取其事迹，并非处心积虑要用妓女来比海派的文人。这种小说中的人物，是不妨随意改换的，即改作隐士、侠客、高人、公主、大少、小老板之类，都无不可。况且泰绮思其实也何可厚非。她在俗时是泼辣地活，出家后就刻苦地修，比起我们的有些所谓“文人”，刚到中年，就自叹道“我是心灰意懒了”的死样活气来，实在更其像人样。我也可以自白一句：我宁可向泼辣的妓女立正，却不愿意和死样活气的文人打棚。

至于为什么去年北京送秋波，今年上海叫“来嘘”了呢？说起来，可又是事前的推测，对不对很难定了。我想：也许是因为帮闲帮忙，近来都有些“不景气”，所以只好两界合办，把断砖、旧袜、皮袍、洋服、巧克力、梅什儿……之类，凑在一处，重行开张，算是新公司，想藉此来新一下主顾们的耳目罢。

小 病

老 舍

大病往往离死太近，一想便寒心，总以不患为是。即使承认病死比杀头、活埋、剥皮等死法光荣些，到底好死不如歹活着。半死不活的味道使盖世的英雄泪下如雨呀。拿死吓吓任何生物是不人道的。大病专会这么吓吓人，理当回避，假若不能扫除净尽。

可是小病便当另作一说了。山上的和尚思凡，比城里的学生要厉害许多。同样，楚霸王不害病则没的可说，一病便了不得。生活是种律动，须有光有影，有左有右，有晴有雨；滋味就含在这变而不猛的曲折里。微微暗些，然后再明起来，则暗得有趣，而明乃更明；且不致明过了度，忽然烧断，如百烛电灯泡然。这个，照直了说，便是小病的作用。常患些小病是必要的。

所谓小病，是在两种小药的能力圈内，阿司匹灵（阿司匹林）与清瘟解毒丸是也。这两种药所不治的病，顶好快去请大夫，或者立下遗嘱，备下棺材，也无所不可。咱们现在讲的是自己能当大夫的“小”病。这种小病，平均每个半月犯一次就挺合适。一年四季，平均犯八次小病，大概不会再患什么重病了。自然也有爱患完小病再患大病的人，那是个人的自由，不在话下。

咱们说的这类小病很有趣。健康是幸福，生活要趣味，所以应当讲说一番：

小病可以增高个人的身份。不管一家大小是靠你吃饭，还是你白吃他们，日久天长，大家总对你冷淡。假若你是挣钱的，你越尽责，人们越挑眼，好像你是条黄狗，见谁都得连忙摆尾；一尾没摆到，即使不便明言，也暗中唾你几口。不大离的你必得病一回，必得！早晨起来，哎呀，头疼！买清瘟解毒丸去！还有阿司匹灵吗？不在乎要什么，要的是这个声势。狗的地位提高了不知多少。连懂点事的孩子也要闭眼想想了——这棵树可是倒不得呀！你在这时节可以发散发散狗的苦闷了，卫生的要术。

你若是个白吃饭的，这个方法也一样灵验。特别是妈妈与老嫂子，一见你真需要阿司匹灵，她们会知道你没得到你所应得的尊敬，必能设法安慰你：去听听戏，或带着孩子们看电影去吧？她们诚意地向你商量。本来你的病是吃小药饼或看电影都可以治好的，可是你的身份高多了呢。在朋友中，社会中，光景也与此略同。

此外，小病两日而能自己治好，是种精神的胜利。人就是别投降给大夫。无论国医西医，一律招惹不得。头疼而去找西医，他因不能断症——你的病本来不算什么——一定嘱告你住院，而后详加检验，发现了你的小脚指头不是好东西，非割去不可。十天之后，头疼确是好了，可是足指剩了九个。国医文明一些，不提小脚指头这一层，而说你气虚，一开便开二十味药；他越摸不清你的脉，越多开药，意在把病吓跑。就是不找大夫。预防大病来临，时时以小病发散之，而小病自己会治，这就等于“吃了萝卜喝热茶，气得大夫满街爬”！

有宜注意者：不当害这种病时，别害。头疼，大则足以失去一个王位，小则能惹出是非。设个小比方：长官约你陪客，你说头疼不去，其结果有不易消化者。怎样利用小病，须在全部生活艺术中搜求出来。看清机会，而后一想象，乃由无病而有病，利莫大焉。

这个，从实际上看，社会上只有一部分人能享用，差不多是一种雅好的奢侈。可是，在一个理想国里，人人应有这个自由与享受。自然，在理想国内也许有更好的办法；不过，什么办法也不及这个浪漫，这是小品病。

运　命

鲁　迅

有一天，我坐在内山书店里闲谈——我是常到内山书店去闲谈的，我的可怜的敌对的“文学家”，还曾经藉此竭力给我一个“汉奸”的称号，可惜现在他们又不坚持了——才知道日本的丙午年生，今年二十九岁的女性，是一群十分不幸的人。大家相信丙午年生的女人要克夫，即使再嫁，也还要克，而且可以多至五六个，所以想结婚是很困难的。这自然是一种迷信，但日本社会上的迷信也还是真不少。

我问：可有方法解除这夙命呢？回答是：没有。

接着我就想到了中国。

许多外国的中国研究家，都说中国人是定命论者，命中注定，无可奈何；就是中国的论者，现在也有些人这样说。但据我所知道，中国女性就没有这样无法解除的命运。“命凶”或“命硬”，是有的，但总有法子想，就是所谓“禳解”；或者和不怕相克的命的男子结婚，制住她的“凶”或“硬”。假如有一种命，说是要连克五六个丈夫的罢，那就早有道士之类出场，自称知道妙法，用桃木刻成五六个男人，书上符咒，和这命的女人一同行“结俪之礼”后，烧掉或埋掉，于是真来订婚的丈夫，就算是第七个，毫无危险了。

中国人的确相信运命，但这运命是有方法转移的。所谓“没有法子”，有时也就是一种另想道路——转移运命的方法。等到确信这是“运命”，真真“没有法子”的时候，那是在事实上已经十足碰壁，或者恰要灭亡之际了。运命并不是中国人的事前的指导，乃是事后的一种不费心思的解释。

中国人自然有迷信，也有“信”，但好像很少“坚信”。我们先前最尊皇帝，但一面想玩弄他，也尊后妃，但一面又有些想吊她的膀子；畏神明，而又烧纸钱作贿赂，佩服豪杰，却不肯为他作牺牲。崇孔的名儒一面拜佛，信甲的战士，明天信丁。宗教战争是向来没有的，从北魏到唐末的佛道二教的此仆彼起，是只靠几个人在皇帝耳朵边的甘言蜜语。风水、符咒、拜祷……偌大的“运命”，只要化一批钱或磕几个头，就改换得和注定的一笔大不相同了——就是并不注定。

我们的先哲，也有知道“定命”有这么的不定，是不足以定人心的，于是他说，这用种种方法之后所得的结果，都是真的“定命”，而且连必须用种种方法，也是命中注定的。但看起一般的人们来，却似乎并不这样想。

人而没有“坚信”，狐狐疑疑，也许并不是好事情，因为这也就是所谓“无特操”。但我以为信运命的中国人而又相信运命可以转移，却是值得乐观的。不过现在为止，是在用迷信来转移别的迷信，所以归根结底，并无不同，以后倘能用正当的道理和实行——科学来替换了这迷信，那么，定命论的思想，也就和中国人离开了。

假如真有这一日，则和尚、道士、巫师、星相家、风水先生……的宝座，就都让给了科学家，我们也不必整年的见神见鬼了。

人类的同情

周木斋

世间最难得的是同情，也是最宝贵的。只有法西斯主义者的热狂的呓语，才说同情是弱者的、病态的表现。其实这种说法才是法西斯主义者本身之独夫的、残酷的、病态的、可怜的总暴露和总反映。

法西斯主义者之间，按照“惺惺惜惺惺”的俗说，似乎也有所谓“同情”。但这是互相勾结、狼狈为奸的产物，同则同矣，而未必情，因为同情是指人情而言，根本已经丧失人性，怎么还有人情？

侵略、压迫、榨取、屠杀、奸淫、明抢、暗偷、麻醉、毒化、乌烟瘴气、漆黑一团，交织成了法西斯的密网，涂炭生灵、摧残生机、窒息生气，总之，归根是要毁灭一切，别说是人性了，更已堕落至于兽性以下。

被疾恶如仇的法西斯主义者，同情是丧失尽净了，受国外的正义的谴责，受国内的人民的厌反，因而也就是寄予另一方面的抗战者以同情。呼吁、援助、参加，是同情直接舒展开放出来的花朵。

粉饰欺骗，游说诱惑，法西斯侵略者用这些去诈取“同情”，“同情”它们的罪恶和孽绩。可惜同情并非收买所能得到，非卖品乃是无价的，不识相地收获，徒然使人厌恶，嗤之以鼻，自讨没趣。

基于认识法西斯是人类的祸根而发的，有苏联全国盈满的同情；基于维护民治制度而发的，有英美法等民主国家的同情；基于负有同样使命而发的，有西班牙政府人民的同情；基于愤恨于侵略而发的，有弱小民族如印度等的同情；基于法西斯侵略者的竭泽而渔所发的，有其本国人民大众的同情。这同情是人类的、伟大的，充塞乎天地之间。

同情的广泛和深切，致使主张非武力抵抗的甘地，也绝不愿意向中国人主张非武力抵抗。即使他的理由是：“甘地在原则上虽然并不赞成用武力去抵抗，但他认为一个民族不容易马上运用非武力方法。”不过他是牢不可破的非武力抵抗主义者，这理由说不定还是由于矜持之故，而实际已经向中国的抗战点头了。这是容易的吗？为什么会这样呢?！同情之深，能无感动！

悼志摩

林徽因

十一月十九日，我们的好朋友，许多人爱戴的新诗人，徐志摩突兀地，不可信地，残酷地，在飞机上遇险而死去。这消息在二十日的早上像一根针刺猛触到许多朋友的心上，顿使那一早的天墨一般地昏黑，哀恸的咽哽锁住每一个人的嗓子。

志摩……死……谁曾将这两个句子联在一处想过！他是那样活泼的一个人，那样刚刚站在壮年的顶峰上的一个人。朋友们常常惊讶他的活动，他那像小孩般的精神和认真，谁又会想到他死？

突然地，他闯出我们这共同的世界，沉入永远的静寂，不给我们一点预告，一点准备，或是一个最后希望的余地。这种几乎近于忍心的决绝，那一天不知震麻了多少朋友的心？现在那不能否认的事实，仍然无情地挡住我们前面。任凭我们多苦楚地哀悼他的惨死，多迫切地希冀能够仍然接触到他原来的音容，事实是不会为体贴我们这悲念而有些许更改；而他也再不会为不忍我们这伤悼而有些许活动的可能！这难堪的永远静寂和消沉便是死的最残酷处。

我们不迷信的，没有宗教地望着这死的帏幕，更是丝毫没有把握。张开口我们不会呼吁，闭上眼不会入梦，徘徊在理智和情感的边沿，我们不能预期后会，对这死，我们只是永远发怔，吞咽苦涩的泪；待时间来剥削这哀恸的尖锐，痂结我们每次悲悼的创伤。那一天下午，初得到消息的许多朋友不是全跑到胡适之先生家里吗？但是除却拭泪相对，默然围坐外，谁也没有主意，谁也不知有什么话说，对这死！

谁也没有主意，谁也没有话说！事实不容我们安插任何的希望，情感不容我们不伤悼这突兀的不幸，理智又不容我们有超自然的幻想！默然相对，默然围坐……而志摩仍是死去没有回头，没有音讯，永远地不会回头，永远地不会再有音讯。

我们中间没有绝对信命运之说的，但是对着这不测的人生，谁不感到惊异，对着那许多事实的痕迹又如何不感到人力的脆弱，智慧的有限。世事尽有定数？世事尽是偶然？对这永远的疑问我们什么时候能有完全的把握？我们面前只有坚质的事实：

“是的，他十九晨有电报来给我……

“十九早晨，是的！说下午三点准到南苑，派车接……

“电报是九时从南京飞机场发出的……

“刚是他开始飞行以后所发……

“派车接去了，等到四点半……说飞机没有到……

“没有到……航空公司说济南有雾……很大……”只是一个钟头的差别；下午三时到南苑，济南有雾，谁相信就是这一个钟头中便可以有这么不同事实的发生，志摩，我的朋友！

他离平的前一晚我仍见到，那时候他还不知道他次晨南旅的，飞机改期过三次，他曾说如果再改下去，他便不走了的。我和他同由一个茶会出来，在总布胡同口分手。在这茶会里我们请的是为太平洋会议来的一个柏雷博士，因为他是志摩生平最爱慕的女作家曼殊斐儿的姊丈，志摩十分地殷勤；希望可以再从柏雷口中得些关于曼殊斐儿早年的影子，只因限于时间，我们茶后匆匆地便散了。晚上我有约会出去了，回来时很晚，听差说他又来过，适遇我们夫妇刚走，他自己坐了：一会儿，喝了一壶茶，在桌上写了些字便走了。我到桌上一看：

“定明早六时飞行，此去存亡不卜……”我怔住了，心中一阵不痛快，却忙给他一个电话。

“你放心。”他说，“很稳当的，我还要留着生命看更伟大的事迹呢，哪能便死？……”

话虽是这样说，他却是已经死了整两周了！

凡是志摩的朋友，我相信全懂得，死去他这样一个朋友是怎么一回事！

现在这事实一天比一天更结实，更固定，更不容否认。志摩是死了，这个简单残酷的实际早又添上时间的色彩，一周，两周，一直地增长下去……

我不该在这里语无伦次地尽管呻吟我们做朋友的悲哀情绪。归根说，读者抱着我们的文字看，也就是像志摩的请柏雷一样，要从我们口里再听到关于志摩的一些事。这个我明白，只怕我不能使你们满意，因为关于他的事，动听的，使青年人知道这里有个不可多得的人格存在的，实在太多，绝不是几千字可以表达得完。谁也得承认像他这样的一个人世间便不轻易有几个的，无论在中国或是外国。

我认得他，今年整十年，那时候他在伦敦经济学院，尚未去康桥。我初次遇到他，也就是他初次认识影响他迁学的狄更生先生。不用说他和我父亲最谈得来，虽然他们年岁上差别不算少，一见面便互相引为知己。他到康桥之后由狄更生介绍进了皇家学院，当时和他同学的有我姊丈温君源宁。一直到最近两月中源宁还常在说他当时的许多笑话，虽然说是笑话，那也是他对志摩最早的一个惊异的印象。志摩认真的诗情，绝不含有丝毫矫伪，他那种痴，那种孩子似的天真实能令人惊讶。源宁说，有一天他在校舍里读书，外边下了倾盆大雨——唯是英伦那样的岛国才有的狂雨——忽然他听到有人猛敲他的房门，外边跳进一个被雨水淋得全湿的客人。不用说，他便是志摩，一进门一把扯着源宁向外跑，说快来我们到桥上去等着。这一来把源宁怔住了，他问志摩等什么在这大雨里。志摩睁大了眼睛，孩子似的高兴地说“看雨后的虹去”。源宁不止说他不去，并且劝志摩趁早将湿透的衣服换下，再穿上雨衣出去，英国的湿气岂是儿戏，志摩不等他说完，一溜烟地自己跑了！

以后我曾好奇地问志摩这故事的真确，他笑着点头承认这全段故事的真实。我问：那么下文呢，你立在桥上等了多久，并且看到虹了没有？他说记不清，但是他居然看到了虹。我诧异地打断他对那虹的描写，问他：怎么他便知道，准会有虹的。他得意地笑答我说：“完全诗意的信仰！”

“完全诗意的信仰”，我可要在这里哭了！也就是为这“诗意的信仰”他硬要借航空的方便达到他“想飞”的宿愿！“飞机是很稳当的，”他说，“如果要出事那是我的运命！”他真对运命这样完全诗意的信仰！

志摩我的朋友，死本来也不过是一个新的旅程，我们没有到过的，不免过分地怀疑，死不定就比这生苦，“我们不能轻易断定那一边没有阳光与人情的温慰。”但是我怕前边说过最难堪的是这永远的静寂。我们生在这没有宗教的时代，对这死实在太没有把握了。这以后许多思念你的日子，怕要全是昏暗的苦楚，不会有一点点光明，除非我也有你那美丽的诗意的信仰！

我个人的悲绪不竟又来扰乱我对他生前许多清晰的回忆，朋友们原谅。

诗人的志摩用不着我来多说，他那许多诗文便是估价他的天平，我们新诗的历史才是这样地短，恐怕他的判断人尚在我们儿孙辈的中间。我要谈的是诗人之外的志摩。人家说，志摩的为人只是不经意的浪漫，志摩的诗全是抒情诗，这断语在不认识他的人听来可以说很公平，在他朋友们看来实在是对不起他。志摩是个很古怪的人，浪漫固然，但他人格里最精华的是他对人的同情、和蔼和优容；没有一个人他对他不和蔼，没有一种人，他不能优容，没有一种的情感，他绝对地不能表同情。我不说了解，因为不是许多人爱说志摩最不解人情吗？我说他的特点也就在这上头。

我们寻常人就爱说了解；能了解的我们便同情，不了解的我们便很落寞乃至于酷刻。表同情于我们能了解的，我们以为很适当；不表同情于我们不能了解的，我们也认为很公平。志摩则不然，了解与不了解，他并没有过分地夸张，他只知道温存，和平，体贴，只要他知道有情感的存在，无论出自何人，在何等情况之下，他理智上认为适当与否，他全能表几分同情，他真能体会原谅他人与他自己不相同处。从不会刻薄地单支出严格的迫仄的道德的天平指摘凡是与他不同的人。他这样地温和，这样地优容，真能使许多人惭愧，我可以忠实地说，至少他要比我们多数的人伟大许多；他觉得人类各种的情感动作全有它不同的，价值放大了的人类的眼光，同情不该只限于我们划定的范围内。

他是对的，朋友们，归根说，我们能够懂得几个人，了解几桩事，几种情感？哪一桩事，哪一个人没有多面的看法！为此说来志摩朋友之多，不是个可怪的事；凡是认得他的人不论深浅对他全有特殊的感情，也是极自然的结果。而反过来看，他自己在他一生的过程中是很少得着同情的。不止如是，他还曾为他的一点理想的愚诚几次几乎不见容于社会。但是他未曾为这个而鄙吝他给他人的同情心，他的性情，不曾为受了刺激而转变刻薄暴戾，谁能不承认他几有超人的宽量。

志摩的最动人的特点，是他那不可信的纯净的天真，对他的理想的愚诚，对艺术欣赏的认真，体会情感的切实，全是难能可贵到极点。他站在雨中等虹，他甘冒社会的大不韪争他的恋爱自由，他坐曲折的火车到乡间去拜哈岱，他抛弃博士一类的引诱卷了书包到英国，只为要拜罗素做老师，他为了一种特异的境遇，一时特异的感动，从此在生命途中冒险，从此抛弃所有的旧业，只是尝试写几行新诗——这几年新诗尝试的运命并不太令人踊跃，冷嘲热讽只是家常便饭——他常能走几里路去采几茎花，费许多周折去看一个朋友说两句话；这些，还有许多，都不是我们寻常能够轻易了解的神秘。

我说神秘，其实竟许是傻，是痴！事实上，他只是比我们认真，虔诚到傻气，到痴！他愉快起来，他的快乐的翅膀可以碰得到天；他忧伤起来，他的悲戚是深得没有底。寻常评价的衡量在他手里失了效用，利害轻重他自有他的看法，纯是艺术的情感的脱离寻常的原则，所以往常人常听到朋友们说到他总爱带着嗟叹的口吻说："那是志摩，你又有什么法子！"他真的是个怪人吗？朋友们，不，一点都不是，他只是比我们近情，近理，比我们热诚，比我们天真，比我们对万物都更有信仰，对神，对人，对灵，对自然，对艺术！

朋友们，我们失掉的不止是一个朋友，一个诗人，我们丢掉的是个极难得可爱的人格。

至于他的作品全是抒情的吗？他的兴趣只限于情感吗？更是不对。志摩的兴趣是极广泛的。就有几件，说起来，不认得他的人便要奇怪。他早年很爱数学，他始终极喜欢天文，他对天上星宿的名字和部位就认得很多，最喜暑夜观星，好几次他坐火车都是带着关于宇宙的科学的书。他译过爱因斯坦的相对论，并且在一九二二年便写过一篇关于相对论的东西登在《民铎》杂志上。他常向思成说笑："任公先生的相对论的知识还是从我徐君志摩大作上得来的呢，因为他说他看过许多关于爱因斯坦的哲学都未曾看懂，看到志摩的那篇才懂了。"

今夏我在香山养病，他常来闲谈，有一天谈到他幼年上学的经过和美国克莱克大学两年学经济学的景况，我们不禁对笑了半天，后来他在他的《猛虎集》的“序”里也说了那么一段。可是奇怪的！他不像许多天才，幼年里上学，不是不及格，便是被斥退，他是常得优等的，听说有一次康乃尔暑校里一个极严的经济教授还写了信去克莱克大学教授那里恭维他的学生，关于一门很难的功课。我不是为志摩在这里夸张，因为事实上只有为了这桩事，今夏志摩自己便笑得不亦乐乎！

此外，他的兴趣对于戏剧、绘画都极深浓，戏剧不用说，与诗文是那么接近，他领略绘画的天赋也颇可观，后期印象派的几个画家，他都有极精密的爱恶，对于文艺复兴时代那几位，他也很熟悉，他最爱鲍蒂切利（波提切利）和达文骞（达·芬奇）。自然他也常承认文人喜画常是间接地受了别人论文的影响，他的，就受了法兰（Roger Fry）和斐德（Walter Pater）的不少。对于建筑审美他常常对思成和我道歉，说：“太对不起，我的建筑常识全是 Ruskins（拉斯金，他是英国十九世纪著名艺术评论家，著有《建筑的七盏明灯》）。”他知道我们是最讨厌 Ruskins 的。但是为看一个古建的残址，一块石刻，他比任何人都热心，都更能静心领略。

他喜欢色彩，虽然他自己不会作画，暑假里他曾从杭州给我几封信，他自己叫它们作“描写的水彩函”，他用英文极细致地写出西边桑田的颜色，每一分嫩绿，每一色鹅黄，他都仔细地观察到。又有一次他望着我园里一带断墙半晌不语，过后他告诉我说，默默体会，想要描写那墙上向晚的艳阳和刚刚入秋的藤萝。

对于音乐，中西的他都爱好，不止爱好，他那种热心便唤醒过北京一次——也许唯一的一次——对音乐的注意。谁也忘不了那一年，克拉斯拉到北京在“真光”拉一个多钟头的提琴。对旧剧他也得算“在行”，他最后在北京那几天我们曾接连地同去听好几出戏，回家时我们讨论得热闹，比任何剧评都诚恳都起劲。

谁信这样的一个人，这样忠实于“生”的一个人，会这样早地永远地离开我们另投一个世界，永远地静寂下去，不再透些许声息！

我不敢再往下写，志摩若是有灵，听到比他年轻许多的一个小朋友拿着老声老气的语调谈到他的为人不觉得不快吗？这里我又来个极难堪的回忆，那一年他在这同一个的报纸上写了那篇伤我父亲惨故的文章，这梦幻似的人生转了几个弯，曾几何时，却轮到我在这风紧夜深里握吊他的惨变。这是什么人生？什么风涛？什么道路？志摩，你这最后的解脱未始不是幸福，不是聪明，我该当羡慕你才是。

人权与女权

梁启超

诸君看见我这题目，一定说梁某不通：女也是人，说人权自然连女权包括在里头，为什么把人权和女权对举呢？哈哈！不通诚然是不通，但这不通题目，并非我梁某人杜撰出来；社会现状本来就是这样不通，我不过照实说，而且想把不通的弄通罢了。

我要出一个问题考诸君一考："什么叫作人？"诸君听见我这话，一定又要说："梁某只怕疯了！这问题有什么难解？凡天地间'圆颅方趾横目睿心'的动物自然都是人。"哈哈！

你这个答案错了！这个答案只能解释自然界"人"字的意义，并不能解释历史上"人"字的意义。历史上的"人"，起初范围是很窄的，一百个"圆颅方趾横目睿心"的动物之中，顶多有三几个够得上做"人"，其余都够不上！换一句话说：从前能够享有人格的人是很少的，历史慢慢开展，"人格人"才渐渐多起来。

诸君听这番话，只怕越听越糊涂了。别要着急，等我逐层解剖出来：同是"圆颅方趾横目睿心"的动物，自然我做得到的事，你也做得到；你享有的权，我也该享有。是不是呢？着啊，果然应该如此。但是从历史上来看，却大大不然。

无论何国历史，最初总有一部分人叫作“奴隶”。奴隶岂不也是“圆颅方趾横目睿心”吗？然而那些非奴隶的人只认他们是货物，不认他们是人。诸君读过西洋历史，谅来都知道古代希腊的雅典，号称“全民政治”，就是个个人都平等都自由。又应该知道有位大哲学家柏拉图，是主张共和政体的老祖宗。不错，柏拉图说凡人都应该参与政治，但奴隶不许。为什么呢？因为奴隶并不是人！雅典城里几万人，实际上不过几千人参与政治，为什么说是全民政治呢？因为他们公认是“人”的都已参与了，剩下那一大部分，便是奴隶，本来认作货物不认作人。

不但奴隶如此，就是贵族和平民比较，只有贵族算是完完全全一个人，平民顶多不过够得上做半个人。许多教育，只准贵族受，不准平民受；许多职业，只准贵族当，不准平民当；许多财产，只准贵族有，不准平民有。这种现象，我们中国自唐虞三代到孔子的时候便是如此，欧洲自罗马帝国以来一直到十八世纪都是如此。

在奴隶制度底下，不但非奴隶的人把奴隶不当人看，连那些奴隶也不知道自己是个“人”。在贵族制度底下，不但贵族把平民当半个人看，连那些平民也自己觉得我这个人和他那个人不同。如是者混混沌沌过了几千年。

人是有聪明的，有志气的，他们慢慢地从梦中觉醒起来了！你有两只眼睛一个鼻子，我也有一个鼻子两只眼睛，为什么你便该如彼，我便该如此？他们心问口，口问心，经过多少年烦闷悲哀，忽然石破天惊，发现一件怪事："啊，啊！原来我是一个人！"这件怪事，中国人发现到什么程度我且不说，欧洲人什么时候发现呢？大约在十五、十六世纪文艺复兴时代。他们一旦发现了自己是个人，不知不觉地便齐心合力下一个决心，一面要把做人的条件预备充实，一面要把做人的权利扩张圆满。

第一步，凡是人都要有受同等教育的机会，不能让贵族和教会把学问垄断。第二步，凡是人都要各因他的才能就相当的职业，不许说某项职业该被某种阶级的人把持到底。第三步，为保障前两事起见，一国政治，凡属人都要有权过问。总说一句：他们有了"人的自觉"，便发生出人权运动。教育上平等权，职业上平等权，政治上平等权，便是人权运动的三大阶段。

啊，啊！了不得，了不得！人类心力发动起来，什么东西也挡他不住。"一！二！三！开步走！""走！走！走！"走到十八世纪末年，在法国巴黎城轰地放出一声大炮来：《人权宣言》好呀，好呀！我们一齐来！属地吗，要自治。阶级吗，要废除。选举吗，要普遍。黑奴农奴吗，要解放。十九世纪全个欧洲、全个美洲热烘烘闹了一百年，闹的就是这一件事。吹喇叭！放爆竹！吃干杯！成功！凯旋！人权万岁！从前只有皇帝是人，贵族是人，僧侣是人，如今我们也和他们一样，不算人的都算人了，普天之下率土之滨凡叫作人的，都恢复他们资格了。人权万岁！万万岁！

万岁声中，还有一大部分"圆颅方趾横目睿心"的动物，在那边悄悄地滴眼泪。这一部分动物，虽然在他们同类中占一半的数量，但向来没有把他们编在人类里头。这一部分是谁？就是女子！人权运动，运动的是人权，她们是 Women，不是 Men，说得天花乱坠的人权，却不关她们的事！

眼泪是最神圣不过的东西。眼泪是从自觉的心苗中才滴得出来。男子固然一样的两只眼睛一个鼻子，没有什么贵族、平民、奴隶的分别，难道女子又只有一只眼睛半个鼻子吗？当人权运动高唱入云的时候，又发现一件更怪的事："啊，啊！原来世界上还有许多人！"有了这种发现，于是女权运动开始起来。女权运动，我们可以给它一个名词，叫作广义的人权运动。

广义的人权运动——女权运动，和那狭义的人权运动——平民运动正是一样，要有两种主要条件：第一要自动，第二要有阶段。

什么叫自动呢？例如美国放奴运动，不是黑奴自己要解放自己，乃是一部分有博爱心的白人要解放他们。这便是他动不是自动。不由自动得来的解放，虽解放了也没有什么价值。不唯如此，凡运动是多数人协作的事，不是少数人包办的事，所以要多数共同的自动。例如中国建设共和政体，仅有极少数人在那里动，其余大多数不管事。这仍算是他动不是自动。像欧洲十九世纪的平民运动，的确是出于全部或大多数的平民自觉自动，其所以能成功而且彻底，理由全在乎此。女权运动能否有意义有价值，第一件就要看女子切实自觉自动的程度何如。

什么叫阶段呢？前头说过，人权运动含有三种意味：一是教育上平等权，二是职业上平等权，三是政治上平等权。这三件事虽然一贯，但里头自然分出个步骤来。在贵族垄断权利的时代，他们辩护自己唯一的武器，就是说：我们贵族所有的学问知识，你们平民没有；我们贵族办得下来的事，你们平民办不来。

这话对不对呢？对呀。欧洲中世纪的社会情状的确是如此。倘若十八、十九世纪依然是这种情状，我敢保《人权宣言》一定发不出来，即使发出来也是空话。

所以自文艺复兴以来，他们平民第一件最急切的要求，是要和贵族有受同等教育的机会。这种机会陆续到手，他们便十二分努力去增进自己的智识能力。到十八、十九世纪时，平民的智识能力，比贵族只有加高，绝无低下，于是乎一鼓作气，把平民运动成功了。换一句话说，他们是先把做人条件预备充实，才能把做人的权利扩张圆满。

他们的女权运动，现在也正往这条路上走。女权运动，也是好几十年前已经开始了，但势力很是微微不振。为什么不振呢？因为女子智识能力的确赶不上男子。为什么赶不上呢？因为不能和男子有受同等教育的机会。他们用全力打破这一关，打破之后，再一步一步地肉搏前去，以次到职业问题，以次到参政权问题。现在欧美这种运动，渐渐地已有一部分成功了。

我们怎么样呢？哎！说起来又惭愧又可怜！连大部分男子也没有发明自己是个人，何论女子！狭义的人权运动还没有做过，说什么广义的人权运动？所以有些人主张“女权尚早论”，说等到平民运动完功之后再做女权运动不迟。这种话对吗？不对。欧洲造铁路，先有了狭轨，渐渐才改成广轨；我们造铁路，自然一动手就用广轨，有什么客气？欧洲人把狭义广义的人权运动分作两回做，我们并作一回，并非不可能的事。但有一件万不可以忘记：狭轨广轨固然不成问题，然而没有筑路便想开车，却是断断乎不行的。

我说一句不怕诸君怄气的话：中国现在男子的智识能力固然也是很幼稚薄弱，但女子又比男子幼稚薄弱好几倍！讲女权吗？头一个条件，要不依赖男子而能独立。

换一句话说，是要有职业。譬如某学校出了一个教授的缺，十位女子和十位男子竞争，又谁争赢谁？譬如某公司或某私人要用一位秘书，十位女子和十位男子竞争，又谁争赢谁？再进一步，假如女子参政权实行规定在宪法，到选举场中公开讲演自由竞争，又谁争赢谁？以现在情形论，我斗胆敢说：女子十回一定有九回失败！

为什么呢？因为现在女子的智识能力实实在在不如男子。天生成不如吗？不然不然，不过因为学力不够。为什么学力不够？为的是从前女子求学不能和男子有均等机会。没有均等机会，固然不是现在女子之过；然而学力不够，却是不能讳言的事实。诸君在英文读本里头谅来都读过一句格言：Knowledge is Power——智识即权力。**不从智识基础上求权力，权力断断乎得不到；侥幸得到，断断乎保持不住。一个人如此，阶级相互间也是如此，两性相互间也是如此。**

讲到这里，我们大概可以得一个结论了。女权运动，无论为求学运动，为竞业运动，为参政运动，我在原则上都赞成；不唯赞成，而且十分认为必要。若以程序论，我说学第一，业第二，政第三。近来讲女权的人，集中于参政问题，我说是急其所缓，缓其所急。老实说一句：现在男子算有参政权没有？说没有吗？《约法》上明明规定。说有吗？民国成立十一个年头，看见哪一位男子曾参过政来？还不是在选举人名册上凑些假名，供那班“政棍”做买票卖票的工具？人民在这种政治意识之下，就让你争得女参政权，也不过每县添出千把几百个“赵兰、钱蕙、孙淑、李娟……”等人名，替“政棍”多弄选票生意！

我真不愿志洁行芳的姊妹们无端受这种污辱。平心而论，政治上的事情，原不能因噎废食，这种愤激之谈，我也不愿多说了。归根结底一句：无论何种运动，都要多培实力，少作空谈。女权运动的真意义，是要女子有痛切的自觉，从智识能力上力争上游，务求与男子立于同等地位。这一着办得到，那么，竞业参政都不成问题；办不到，任你搅得海沸尘飞，都是废话。

诸君啊！现在全国中女子智识的制造场，就靠这十几个女子师范学校，诸君就是女权运动的基本军队。庄子说得好：“水之积不厚，则其负大舟也无力。”诸君要知道自己责任大，又要知道想尽此责任，除却把学问做好、智识能力提高外，别无捷径。

我盼望诸君和全国诸姊妹，都彻底觉悟自己是一个人，都加倍努力完成一个人的资格，将来和全世界女子共同协力做广义的人权运动。这回运动成功的时候，真可以欢呼“人权万岁”了！

关于女子

徐志摩

苏州！谁能想象第二个地名有同样清脆的声音，能唤起同样美丽的联想，除是南欧的威尼市（今意大利威尼斯）或翡冷翠（今意大利佛罗伦萨），那是远在异邦，不然我们就得追想到六朝时代的金陵广陵或许可以仿佛？当然不是杭州，虽则苏杭是常常连着说到的；杭州即使有几分美秀，不幸都教山水给占了去，更不幸就那一点儿也成了问题：你们不听说雷峰塔已经教什么国术大力士给打个粉碎，西湖的一汪水也教大什么会的电灯给照干了吗？

不，不是杭州；说到杭州，我们不由得觉得舌尖上有些儿发锈。所以只剩了一个苏州许我们放胆地说出口，放心地拿上手。比是乐器中的笙箫，有的是袅袅的余韵，比是青青的柏子，有的是沁人心脾的留香。在这里，不比别的地处，人与地是相对无愧的，是交相辉映的，寒山寺的钟声与吴侬的软语一般令人神往，虎丘的衰草与玄妙观的香烟同样勾人留恋。

但是苏州——说也惭愧，我这还是第二次到，初次来时只匆匆地过了一宵，带走的只有采芝斋的几罐糖果和一些模糊的印象。就这次来也不得容易，要不是陈淑先生相请的殷勤。——聪明的陈淑先生，她知道一个诗人的软弱，她来信只淡淡地说你再不来时天平山经霜的枫叶都要凋谢了——要不是她的相请的殷勤，我说，我真不知道几时才得偷闲到此地来，虽则我这半年来因为往返沪宁间每星期得经过两次，每星期都得感到可望而不可即的惆怅。为再到苏州来我得感谢她。但陈先生的来信却不单单提到天平山的霜枫，她的下文是我这半月来的忧愁：她要我来说话——到苏州来向女同学们说话！我如何能不忧愁？当然不是愁见诸位同学，我愁的是我现在这相儿，一个人孤零零地站在台上说话！我们这坐惯冷板凳、日常说废话的所谓教授们最厌烦的，不瞒诸位说，就是我们自己这无可奈何的职务——说话（我再不敢说讲演，那样粗蠢的字样在苏州地方是说不出口的）。

就说谈话吧，再让一步，说随便谈话吧，我不能想象更使人窘的事情！要你说话，可不指定要你说什么，“随便说些什么都行”，那天陈先生在电话里说。你拿艳丽的朝阳给一支芙蓉或是一只百灵，它就对你说一番极美丽动听的话；即使它说过了，你冒失地恭维它说你这“讲演”真不错，它也不会生气，也不会惭愧，但不幸我不是芙蓉更不是百灵。我们乡里有一句俗话说，宁愿听苏州人吵架，不愿听杭州人谈话。我的家乡又不幸是在浙江，距着杭州近，离着苏州远的地处。随便说话，随你说什么，果然我依了陈先生扯上我的乡谈，恐怕要不到三分钟你们都得想念你们房间里备着的八卦丹或是别的止头痛的药片了！

但陈先生非得逼我到，逼我献丑，写了信不够，还亲自到上海相邀。我不能不答应来。“但是我去说些什么呢，苏州，又是女同学们?”那天我放下陈先生的电话心头就开始踌躇。不要忙，我自己安慰自己说，在上海不得空闲，到南京去有一个下午可以想一想。

那天在车上倒是有福气看到镇江以西，尤其是栖霞山一带的雪叶，虽则那早上是雾茫茫的，但雪总是好东西，它盖住地面的不平和丑陋，它也拓开你心头更清凉的境界，山变了银山，树成了玉树，窗以外是彻骨的凉，彻骨的静，不见一个生物，鸟雀们不知藏躲在哪里，雪花密团团地在半空里转。栖霞那一带的大石狮子，雄踞在草亩里张着大口向着天的怪东西，在雪地里更显得白，更显得壮，更见得精神。

在那边相近一座塔，建筑、雕刻都是第一流的美术，最使人想见六朝的风流，六朝的闲暇。在那时政治上没有统一的野心家，江以南，江以北，各自成家，汉也有，胡也有，各造各的文化。且不说龙门，且不说云冈，就这栖霞的一些遗迹，就这雄踞在草亩里的大石狮，已够使我们想见当时生活的从容，气魄的伟大，情绪的俊秀。

我们在现代感到的只是局促与匆忙。我们真是忙，谁都是忙。忙到倦，忙到厌。但忙的是什么？为什么忙？我们的子孙在一千年后，如其我们的民族再活得到一千年，回看我们的时代，他们能不能了解我们的匆忙？我们有什么东西遗留给他们可以使他们骄傲、宝贵，值得他们保存，证见我们的存在，认识我们的价值，可以使他们永久停留他们爱慕的纪念——如同那一只雄踞在草亩里的大石狮？

我们的诗人文人贡献了些什么伟大的诗篇与文章？我们的建筑与雕刻，且不说别的，有哪样可以留存到一百年乃至十五年而还值得一看的？我们的画家怎样描写宇宙的神奇？我们哪一个音乐家是在解释我们民族的性灵的奥妙？

但这时候我眼望着的江边的雪地已经戏幕似地变形成为北方赤地几千里的灾区，黄沙天与黄土地的中间只有惨淡的风云、不见人烟的村庄以及这里那里枝条上不留一张枯叶的林木。我也望得见几千万已死的将死的未死的人民，在不可名状的苦难中为造物主的地面上留下永久的羞耻。在他们迟钝的眼光中，他们分明说他们的心脏即使还在跳动，他们已经失去感觉乃至知觉的能力，求生或将死的呼号早已逼死在他们枯竭的咽喉里；他们分明说生活、生命乃至单纯的生存已经到了绝对的绝境，前途只是沙漠似的浩瀚的虚无与寂灭，期待着他们，引诱着他们，如同春光，如同微笑，如同美。

我也望见钩结在连环战祸中的区域与民生，为了谁都不明白的高深的主义或什么的相互的屠杀；我也望见那少数的妖魔，踞坐在跸卫森严的魔窟中计较下一幕的布景与情节，为表现他们的贪，他们的毒，他们的野心，他们的威灵，他们手擎着全体民族的命运当作一掷的孤注；我也望见这时代的烦闷毒气似的在半空里没遮拦地往下盖，被牺牲的是无量数春花似的青年。这幢憬中的种种都指点着一个归宿，一个结局——沙漠似的浩瀚的虚无与寂灭，不分疆界永不见光明的死。

我方才不还在眷恋着文化的消沉吗？文化，文化，这呼声在这可怖的憧憬前，正如灾民苦痛的呼声，早已逼死在枯竭的咽喉里，再也透不出声音。但就这无声的叫喊，已经在我的周围引起怪异的回响，像是哭，像是笑，像是鸱枭，像是鬼……但这声响来源是我座位邻近一位肥胖的旅伴的雄伟的呵欠。在这呵欠声中消失了我重叠的幻梦似的憧憬，我又见到了窗外的雪，听到年轮的响动。下关的车站已经到了。

我能把我这一路的感想拉杂来充当我去苏州的谈话资料吗？我在从下关进城时心里计较。秀丽的苏州，天真的女同学们，能容受这类荒伧，即使不至怪诞的思想吗？她们许因为我是教文学的，想从我听一些文学掌故或文学常识。但教书是无可奈何，我最厌烦的是说本行话。她们又许因为我曾经写过一些诗，期望一个诗人的谈话——那就得满缀着明月和明星的光彩，透着鲜花与鲜草的馨香，要不然她们竟许期待着雪莱的云雀或是济慈的夜莺。我的倒像是鸱鸮的夜啼，不是太煞尽了风景？

这我转念，或许是我的过虑，她们等着我去谈话，正如她们每月或每星期等着别人去谈话一样，无非想听几句可乐的插科与诙谐（如其有的话，那算是好的），一篇长或是短，勉励或训诲的陈腐（那是你们打呵欠乃至瞌睡的机会），或是关于某项专门知识的讲解（那你们先生们示意你们应得掏出铅笔在小本子上记下的）。写了几句自己谦让道歉不曾预备得好的话，在这末尾与他鞠躬下台时你们多少间酬报他一些鼓掌，就算完事一宗；但事实上他讲的话，正如讲的人，不能希望（他自己也不希望）在你们的脑筋里留有仅仅隔夜的印象。某人不是到你们这里来讲过的吗？隔几天许有人问。啊，不错，是有的，他讲些什么了？谁知道他讲什么来了？我一句也没有听进去，不是你提起，我忘都忘了我听过他讲哪！

这是一班到处应酬讲演人的下场头。他们事实上也只配得这样的下场头。穷、窘、枯、干，同学们，是现代人们的生活，是现代人们的思想。不要把占有名气或地位的人们看太高了，他们的苦衷只有他们上年纪的人自家得知，这年头的荒歉是一般的。

不知怎的我想起来说些关于女子的杂话。不是女子问题。我不懂得科学，没有方法来解剖“女子”这个不可思议的现象。我也不是一个社会学家，搬弄着一套现成的名词来清理恋爱、改良婚姻或家庭。我也没有一个道学家的权威，来督责女子们去做良妻贤母，或奖励她们去做不良的妻不贤的母。我没有任何解决或解答的能力。我自己所知道的只是我的意识的流动，就那个我也没有支配的力量。

就比是隔着雨雾望远山的景物，你只能辨认一个大概。也不知是哪里来的光照亮了我意识的一角，给我一个辨认的机会，我的困难是在想用粗笨的语言来传达原来极微纤的印象，像是想用粗笨的铁针来绣描细致的图案。我今天所要查考的，所以，不是女子，更不是什么女子问题，而是我自己的意识的一个片段。

我说也不知怎的我的思想转上了关于女子的一路。最浅显的缘由，我想，当然是为我到一个女子学校里来说话。但此外也还有别的给我暗示的机会。有一天，我在一家书店门首见着某某女士的一本新书的广告，书名是《蠹鱼生活》。这倒是新鲜，我想，这年头有甘心做书虫的女子。三百年来女子中多的是良妻贤母，多的是诗人词人，但出名的书虫不就是一位郝夫人王照圆女士（清代经学家郝懿行之妻，长于训诂，亦擅文学，著有《列女传补注》《诗经小记》等）吗？

这是一件事。再有是我看到一篇文章，英国一位名小说家（指英国著名作家弗吉尼亚·伍尔芙）做的，她说妇女们想从事著述至少得有两个条件：一是她得有她自己的一间屋子，这她随时有关上或锁上的自由；二是她得有五百一年（那合华银有六千元）的进益。她说的是外国情形，当然和我们的相差得远，但原则还不一样是相通的？你们或许要说外国女人当然比我们强，我们怎好跟她们比；她们的环境要比我们的好多少，她们的自由要比我们的大多少。好，外国女人，先让我们的男人比上了外国的男人再说女人吧！

可是你们先别气馁，你们来听听外国女人的苦处。在 Queen Anne（安妮女王）的时候，不说更早，那就是我们清朝乾隆的时候，有天才的贵族女子们（平民更不必说了）实在忍不住写下了些诗文就许往抽屉里堆着给蛀虫们享受，哪敢拿著作公开给庄严伟大的男子们看，那不让他们笑掉了牙。

男人是女人的“反对党”（The oppose faction），Lady Winchilsea（17 世纪英国女诗人温奇尔西夫人）说。趁早，女人，谁敢卖弄谁活该遭殃，才学哪是你们的份！一个女人拿起笔就像是在做贼，谁受得了男人们的讥笑。别看英国人开通，他们中间多的是写《妇学篇》的章实斋（清代文史学者章学诚，著有《文史通义》等）。倒是章先生那板起道学面孔公然反对女人弄笔墨还好受些。他们的蒲伯，他们的 John Gay，他们管爱文学有才情的女人叫作“蓝袜子”，说她们放着家务不管，“痒痒的就爱乱涂”。Margaret Newcastle，另一位有才学的女子，也愤愤地说“女子像蝙蝠或猫头鹰似地活着，牲口似的工作，虫子似的死……”

且不说男人的态度，女性自己的谦卑也是可以的。Dorothy Osburne（多萝西·奥斯本，英国外交家坦普尔爵士的妻子，以婚前写给坦普尔的书信闻名）那位清丽的书翰家一写到那位有文才的爵夫人就生气，她说：“那可怜的女人准是有点儿偏心的，她什么傻事不做，倒来写什么书，又况是诗，那不太可笑了；要是我，就算我半个月不睡觉我也到不了那个。”奥斯朋自己可没有想到自己的书翰在千百年后还有人当作宝贵的文学作品念着，反比那“有点儿偏心胆敢写书的女人”风头出得更大，更久！

再说近一点，一百年前英国出一位女小说家，她的地位，一个批评家说，是离着莎士比亚不远的 Jane Austen（著名女作家简·奥斯汀），她的环境也不见得比你们的强。实际上她更不如我们现代的女子。再说她也没有一间她自己可以开关的屋子，也没有每年多少固定的收入。她从不出门，也见不到什么有学问的人；她是一位在家里养老的姑娘，看到有限几本书，每天就在一间永远不得清静的公共起坐间里装作写信似地起草她的不朽的作品。

“女人从没有半个钟头”，Florence Nightingale（“佛罗伦萨夜莺”，似指彼得拉克，意大利诗人，文艺复兴时期人文主义先驱者之一）说，“女人从没有半个钟头可以说是她们自己的”。

再说近一点，白龙德（Bronte）姊妹们（勃朗特三姐妹），也何尝有什么安逸的生活。在乡间，在一个牧师家里，她们生，她们长，她们死。她们至多站在露台上望望野景，在雾茫茫的天边幻想大千世界的形形色色，幻想她们无颜色无波浪的生活中所不能的经验。要不是她们卓绝的天才、蓬勃的热情与超越的想象，逼着她们不得不写，她们也无非三个平常的乡间女子，郁死在无欢的家里，有谁想得到她们——光明的十九世纪于她们有什么相干，她们得到了些什么好处？

说起来还是我们的情形比他们的见强哪。清朝的大文人王渔洋（王士祯）、袁子才（袁枚）、毕秋帆（毕沅）、陈碧城（陈文述）都是提倡妇女文学最大的功臣。要不是他们几位间接与直接的女弟子的贡献，清朝一代的妇女文学还有什么可述的？要不是他们那时对于女子做诗文做学问的铺张扬厉，我们那位“文史通义先生”（前文提到的章学诚）也不至于破口大骂自失身份到这样可笑的地步。他在《妇学》里面说：

近有无耻文人，以风流自命，蛊惑士女，大率以优伶杂剧所演才子佳人惑人。长江以南名门大家闺阁，多为所诱，征诗刻稿，标榜声名，无复男女之嫌，殆忘其身之雌矣。此等闺娃，妇学不修，岂有真才可取，而为邪人播弄，浸成风俗，人心世道，大可忧也。

章先生要是活到今天，看见女子上学堂，甚至和男子同学，上衙门、公司、店铺工作，和男子同事，进这个那个的党和男子同志，还不把他老人家活活地给气瘪了！

所以你们得记得就在英国，女权最发达的一个民族，女子的解放，不论哪一方面，都还是近时的事情。女子教育算不上一百年的历史。女子的财产权是五十年来才有法律保障的。女子的政治权还不到十年。但这百年来女性方面的努力与成绩不能不说是惊人的。在百年以前的人类的文化可说完全是男性的成绩，女性即使有贡献，是极有限的，或至多是间接的。女子中当然也不少奇才异能，历史上不少出名的女子，尤其是文艺方面。希腊的沙浮（萨福，古希腊女诗人）至今还是个奇迹。中世纪的 Hypatia（哈哀贝希亚，中世纪女学者，被当成异端处死）、Heloise（埃罗伊兹，法兰克女隐修院院长，神学家、哲学家阿伯拉的妻子）是无可比的。英国的依利萨伯（伊丽莎白一世），唐朝的武则天，她们的雄才大略，哪一个男子敢不低头？十八世纪法国的沙龙夫人们是多少天才和名著的保姆？在中国，我们只要记起曹大家的汉书，苏若兰的回文，徐淑、蔡文姬、左九嫔的辞藻，武曌的《升仙太子碑》，李若兰（唐代女诗人李冶）、鱼玄机的诗，李清照、朱淑真的词，明文氏的《九骚》——哪一个不是照耀百世的奇才异禀？

这固然是，但就人类更宽更大的活动方面看，女性有什么可以自傲的？有女莎士比亚、女司马迁吗？有女牛顿、女倍根吗？有女柏拉图、女但丁吗？就说到狭义的文艺，女性的成绩比到男性的还不是培塿比到泰山吗？你怪得男性傲慢，女性气馁吗？

在英国乃至在全欧洲，奥斯丁以前可以说女性没有一个成家的作者。从依利萨伯到法国革命查考得到的女子作品只是小诗与故事。就中国论，清朝一代相近三百年间的女作家，按新近钱单夫人（单士釐，她写的《癸卯旅行记》是中国最早的一部女子出国游记，其夫钱恂曾任驻荷兰、意大利公使）的《清闺秀艺文略》看，可查考的有二千三百一十二人之多，但这数目，按胡适之先生的统计，只有百分之一的作品是关于学问。例如考据历史、算学、医术，就那也说不上有什么重要的贡献，此外百分之九十九都是诗词一类的文学，而且妙的地方是这些诗集诗卷的题名，除了风花雪月一类的风雅，都是带着虚心道歉的意味，仿佛她们都不敢自信女子有公然著作成书的特权似的，都得声明这是她们正业以外的闲情，本算不上什么似的，因之不是绣余，就是爨余，不是红余，就是针余，不是脂余、梭余，就是织余、绮余（陈圆圆的职业特别些，她的词集叫《舞余词》)，要不然就是焚余、烬余、未焚、未烧、未定一类的通套，再不然就是“断肠泪稿”一流的悲苦字样（除了秋瑾的口气那是不同些)。情形是如此，你怪得男性的自美，女性的气短吗？

但这文化史上女性远不如男性的情形自有种种的解释，自然的趋势，男性当然不能借此来证明女子的能力根本不如男子，女性也不能完成推托到男性有意的压迫。谁要奇怪女性的迟缓，要问何以女权论要等到玛丽乌尔夫顿克辣夫德（玛丽·沃尔斯顿克拉夫特，以所著《女权论》闻名。她是十八世纪英国政治家威廉·葛德文的妻子）方有具体的陈词，只须记得人权论本身也要到相差不远的日子才出世。

人的思想的能力是奇怪的，有时他连蹿带跳地在短时期内发现了很多，如希腊黄金时代与近一百五十年来的欧洲；有时睡梦迷糊地在长时期一无新鲜，如欧洲的中世纪或中国的明代。它不动的时候就像是冬天，一切都是静定的无生气的，就像是生命再不会回来；但它一动的时候那就比是春雷的一震，转眼间就是蓬勃绚烂的春时。

在欧洲，从亚里斯多德（亚里士多德）直到卢梭乃至叔本华，没有一个思想家不承认男女的不平等是当然的，绝对不值得并且也无从研究的；即使偶有几个天才不容自掩的女子，在中国我们叫作才女，那还是客气的，如同叫长花毛的鸭作锦鸡，在欧洲百年前叫作“蓝袜子”，那就不免有嘲笑的意思。但自约翰弥勒（约翰·穆勒，十九世纪英国哲学家，曾提出人权、女权等社会改良学说，其著作在严复翻译后传入中国）纯正通达论妇女论（《妇女论》）的大文出世以来，在理论上所有女性不如男性或是女性不能和男性享受平等机会以及共同负责文化社会的生存与进步的种种谬见、偏见与迷信都一齐从此失去了根据。

在事实上，在这百年来女性自强的努力也已经显明地证明：女性只要有同等的机会，不论在哪样事情上都不能比男性不如；人类的前途展开了一个伟大的新的希望，就是此后文化的发展是两性共同的企业，不再是以前似的单性的活动。

在这百年来，虽则在别的方面人类依然不免继续他们的谬误、愚蠢、固执、迷信，但这百余年是可纪念的，因为这至少是一个女性开始光荣的世纪。在政治上，在社会上，在法律与道德上，在理论方面，至少女性已经争得与男性完全平等的地位。在事实上，女子的职业一天增多一天，我们现在不易想象一种职业男性可以胜任而女性不能的——也许除了实际的上战场去打仗，但这项职业我们都希望将来有完全淘汰的一天，我们绝不希望温柔的女性在任何情形下转变成善斗杀的凶恶。

文学与艺术不用说，女子是早就占有地位的，但近百年来的扩大也是够惊人的。诗人就说白朗宁夫人、罗刹蒂小姐（克里斯蒂娜·罗赛蒂，十九世纪英国女诗人。画家、诗人但丁·加百利·罗赛蒂的妹妹）、梅耐儿夫人三个名字已经是够辉煌的。

小说更不用说，英美的出版界已有女作家超过男作家的趋势，在品质方面一如数量。I. A. George Eliot（乔治·爱略特）、George Sand（乔治·桑）、Bronte Sisters（勃朗特姐妹），近时如曼殊斐儿、薇金娜吴尔夫（弗吉尼亚·伍尔芙）等都是卓成家，是为文学史上增加光彩的作者。

演剧方面如沙拉贝娜、Duse（杜丝，意大利女演员，擅演悲剧主人公）、Ellen Terry（爱伦·泰丽，英国女演员，以演莎剧人物闻名），都是人类永久不可磨灭的记忆。论跳舞，女子的贡献更分明地超过男子，我们不能想象一个男性的 Isadora Duncan（伊莎多拉·邓肯，美国女舞蹈家，现代舞创始人）。

音乐、画、雕刻，女子的出人头地的也在天天地加多。科学与哲学向来是男性的专业，但随着教育的发展，女子的贡献也在日渐地继长增高。你们只需记起 Madame Curie（居里夫人）就可以无愧。讲到学问，现在有哪一门女子提不起来的?

但这情形，就按最先进几国说，至多也不过一百年来的事，然而成绩已如此可观。再过了两千年，我想，男子多半再不敢对女子表示性的傲慢。将来女子自会有她们的莎士比亚、倍根、亚里斯多德、卢梭，正如她们在帝王中有过依利萨伯、武则天，在诗人中有过白朗宁、罗刹蒂，在小说家中有过奥斯汀与白龙德姊妹。

我们虽则不敢预言女性竟可以有完全超越男性的一天，但我们很可以放心地相信此后女性对文化的贡献比现在总可以超过无量倍数，倒男子要担心到他的权威有摇动的危险的一天。

但这当然是说得很远的话。按目前情形，尤其是中国的，我们一方面固然感到女子在学问事业日渐进步的兴奋与快慰，但同时我们也深刻地感觉到种种阻碍的势力还是很活动地在着。我们在东方几乎事事是落后的，尤其是女子，因为历史长，所以习惯深，习惯深所以解放更觉费力。不说别的，中国女子先就忍就了几千年身体方面绝无理性可说的束缚，所以人家的解放是从思想做起点，我们先得从身体解放起。我们的脚还是昨天放开的，我们的胸还是正在开放中。

事实上，固然这一代的青年已经不致感受身体方面的束缚，但不幸长时期的压迫或束缚是要影响血液与神经的组织的本体的。即如说脚，你们现有的固然是极秀美的天足，但你们的血液与纤维中，难免还留有几十代缠足的鬼影。又如你们的胸部虽已在解放中，但我知道有的年轻姑娘还不免感到这解放是一种可羞的不便。所以单说身体，恐怕也得至少到你们的再下去三四代才能完全实现解放，恢复自然发长的愉快与美。

身体方面已然如此，别的更不用说了。再说一个女子当然还不免做妻做母，单就生产一件事说，男性就可以无忌惮地对女性说："这你总逃不了，总不能叫我来替代你吧！"事实上的确有无数本来在学问或事业上已经走上路的女子，为了做妻做母的不可避免临了只能自愿或不自愿地牺牲光荣的成就的希望。

这层的阻碍说要能完全去除，当然是不可能，但按现今种种的发明与社会组织与制度逐渐趋向合理的情形看，我们很可以设想这天然阻碍的不方便性消解到最低限度的一天。有了节育的方法，比如，你就不必有生育，除了你自愿，如此一个女子很容易在她几十年的生活中匀出几个短期间来尽她对人类的责任。

还有将来家庭的组织也一定与现在的不同，趋势是在去除种种不必要精力的消耗（如同美国就有新法的合作家庭，女子管家的担负不定比男子的重，彼此一样可以进行各人的事业）。所以问题倒不在这方面。成问题的是女子心理上母性的牢不可破，那与男子的父性是相差得太远了。

我来举一个例。近代最有名的跳舞家 Isadora Duncan 在她的自传里说她初次生产时的心理，我觉得她说得非常真。在初怀孕时她觉得处处不方便，她本是把她的艺术——舞——看得比她的生命都更重要的，她觉得这生产的牺牲是太无谓了。尤其是在生产时感到极度的痛苦时（她的是难产），她是恨极了上帝叫女人担负这惨毒的义务；她差一点死了。

但等到她的孩子一下地，等到看护把一个稀小的喷香的小东西偎到她身旁去吃奶时，她的快乐，她的感激，她的兴奋，她的母爱的激发，她说，简直是不可名状。在那时间她觉得生命的神奇与意义——这无上的创造——是绝对盖倒一切的，这一相比她原来看作比生命更重要的艺术顿时显得又小又浅，几于是无所谓的了。在那时间把性的意识完全盖没了后天的艺术家的意识。上帝得了胜了！这，我说，才真是问题，倒不在事实上三两个月的身体的不便。这根蒂深而力道强的母性当然是人生的神秘与美的一个重要成分，但它多少总不免阻碍女子个人事业的进展。

所以，按理论说，男女的机会是实在不易说成完全平等的，天生不是一个样子，你有什么办法？但我们也只能说到此，因为一个女子，母性的人格，母性的实现，按理是不应得与她个人的人格、个性的实现相冲突的。除了在不合理的或迷信打底的社会组织里，一个女子做了妻母再不能兼顾别的，她尽可以同时兼顾两种以上的资格，正如一个男子的父性并不妨害他的个性。就说Duncan，她不能不说是一个母性特强（因为情感富强）的女子，但她事实上并不曾为恋爱与生育而至放弃她的艺术的追求。她一样完成了她的艺术。

此外，做女子的不方便当比男子的多，但那些是比较不重要的。

我们国内的新女子是在一天天可辨认地长成，从数千年来有形与无形的束缚与压迫中渐次透出性灵与身体的美与力，像一支在箨（tuò，指竹笋外层一片一片的壳）中透露着的新笋。有形的阻碍虽则多，虽则强有力，还是比较容易克除的；无形的阻碍，心理上，意识与潜意识的阻碍，倒反需要更长时间与努力方有解脱的可能。

分析地说，现社会的种种都还是不适宜于我们新女子的长成的。我再说一个例，比如演戏，你认识戏的重要，知道它的力量。你也知道有舞台表演的天赋。那为你自己，为社会，你就得上舞台演戏去不是？这时候你就逢到了阻力。积极的或许你家庭的守旧与固执，消极的或许你觅不到相当的同志与机会。这些就算都让你过去，你现在到了另一个难关。有一个戏非你充不可，比如，那碰巧是个坏人，那是说按人事上习惯的评判，在表现艺术上是没有这种区分的，艺术需要你做，但你开始踌躇了。

说一个实例，新近南国社（1927 年冬在上海成立的文艺团体，主要成员有田汉、唐槐秋、陈凝秋等）演的《沙乐美》（英国作家王尔德的剧作《莎乐美》），那不是一个贞女，也不是一个节妇。有一位俞女士，她是名门世家的一位小姐，去担任主角。她只知道她当前表现的责任。事实上她居然排除了不少的阻难而登台演那戏了。有一晚，她正演到要热慕地叫着“约翰我要亲你的嘴”，她瞥见她的母亲坐在池子里前排瞪着怒眼望着她，她顿时萎了，原来有热有力的音声与诗句几于嗫嚅地勉强说过了算完事。

她觉得她再也鼓不住她为艺术的一往的勇气，在她母亲怒目的一视中，艺术家的她又萎成了名门世家事事依傍着爱母的小姐——艺术失败了！习惯胜利了！

所以我说这类无形的阻碍力量有时更比有形的大。方才说的无非现成的一个例。在今日，一个女子向前走一个步都得有极大的决心和用力，要不然你非但不上前，你难说还向后退，根性、习惯、环境的势力，种种都牵掣着你，阻拦着你。但你们各个人的成就或败于未来完全性的新女子的实现都有关系。你多用一分力，多打破一个阻碍，你就多帮助一分，多便利一分新女子的产生。

简单说，新女子与旧女子的不同是一个程度，不定是种类的不同。要做一个新女子，做一个艺术家或事业家，要充分发展你的天赋，实现你的个性，你并没有必要不做你父母的好女儿、你丈夫的好妻子或是你儿女的好母亲——这并不一定相冲突的（我说不一定因为在这发轫时期难免有各种牺牲的必要，那全在你自己判清了利弊来下决断）。分别是在旧观念是要求你做一个扁人，纸剪似的没有厚度，没有血脉流通的活性；新观念是要你做一个真的活人，有血有气有肌肉有生命有完全性的！这有完全性要紧的一个个人。

这分别是够大的，虽则话听来不出奇。旧观念叫你准备做妻做母，新观念并非不叫你准备做妻做母，但在此外先要你准备做人，做你自己。从这个观点出发，别的事情当然都换了透视。

我看古代流传下来的女作家有一个有趣味的现象。她们多半会写诗，就是说拿她们的心思写成可诵的文句。按传说说，至少一个女子的文才多半是有一种防身作用，比如现在上海有钱人穿的铁马甲。从《周南》的蔡人妻作的《芣苢三章》，《召南》申人女《行露三章》，卫共姜《柏舟》诗，《陈风》《墓门》，陶婴《黄鹄歌》，宋韩凭妻《南山有乌》句乃至罗敷女《陌上桑》，都是全凭编了几句诗歌，而得幸免男性的侵凌的。还有卓文君写了《白头吟》，司马相如即不娶姨太太；苏若兰制了回文诗，扶风窦滔也就送掉他的宠妾。唐朝有几个宫妃在红叶上题了诗，从御沟里放流出外，因而得到夫婿的（“一入深宫里，无由得见春。题诗花叶上，寄与接流人”）。

此外，更有多少女子作品不是慕就是怨。如是看来，文学之于古代妇女多少是于她们婚姻问题发生密切关系的。这本来是，有人或许说，就现在女子念的还不是都为写情书的准备，许多人家把女孩送进学校的意思还不无非为了抬高她在婚姻市场上的卖价？这类情形当然应得书篇似的翻阅过去，如其我们盼望新女子及早可以出世。

这态度与目标的转变是重要的。旧女子的弄文墨多少是一种不必要的装饰，新女子的求学问应分是一种发现个性必要的过程。旧女子的写诗词多少是抒写她们私人遭际与偶尔的情感，新女子的志向应分是与男子共同继承并且继续生产人类全部的文化产业。

旧女子的字业是承认“女子无才便是德”的大条件而后红着脸做的事情，因而绣余、炊余一流的道歉；新女子的志愿是要为报复那一句促狭的造孽格言而努力给男性一个不容否认的反证。

旧女子有才学的理想是李易安的早年的生涯——当然不一定指她的“被翻红浪，起来慵自梳头”一类的艳思——嫁一个风流跌宕一如赵明诚公子的夫婿（“赖有闺房如学舍，一编横放两人看”），过一些风流而兼风雅的日子；新女子——我们当然不能不许她私下期望一个风流的有情郎（“易求无价宝，难得有情郎”），但我们同时期望她虽则身体与心肠的温柔都给了她的郎，她的天才、她的能力却得贡献给社会与人类。

我读一本小书同时又读一本大书

沈从文

六岁时我已单独上了私塾。如一般风气，凡是私塾中给予小孩子的虐待，我照样也得到了一份。但初上学时我因为在家中业已认字不少，记忆力从小又似乎特别好，比较其余小孩，可谓十分幸福。第二年后换了一个私塾，在这私塾中我跟从了几个较大的学生，学会了顽劣孩子抵抗顽固塾师的方法，逃避那些书本去同一切自然相亲近。这一年的生活形成了我一生性格与感情的基础。我间或逃学，且一再说谎，掩饰我逃学应受的处罚。我的爸爸因这件事十分愤怒，有一次竟说若再逃学说谎，便当砍去我一个手指。我仍然不为这话所恐吓，机会一来时总不把逃学的机会轻轻放过。当我学会了用自己眼睛看世界一切，到不同社会中去生活时，学校对于我便已毫无兴味可言了。

我爸爸平时本极爱我，我曾经有一时还做过一家的中心人物。稍稍害点病时，一家人便光着眼睛不睡眠，在床边服侍我，当我要谁抱时谁就伸出手来。家中那时经济情形还很好，我在物质方面所享受到的，比起一般亲戚小孩似乎都好得多。我的爸爸既一面只做将军的好梦，一面对于我却怀了更大的希望。他仿佛早就看出我不是个军人，不希望我作将军，却告诉我祖父的许多勇敢光荣的故事，以及他庚子年间所得的一份经验。他因为欢喜京戏，只想我学戏，做谭鑫培。他以为我不拘作什么事，总之应比做个将军高些。

第一个赞美我明慧的就是我的爸爸。可是当他发现了我成天从塾中逃出到太阳底下同一群小流氓游荡，任何方法都不能拘束这颗小小的心，且不能禁止我狡猾的说谎时，我的行为实在伤了这个军人的心。同时，那小我四岁的弟弟，因为看护他的苗妇人照料十分得法，身体养育得强壮异常，年龄虽小，便显得气派宏大，凝静结实，且极自重自爱，故家中人对我感到失望时，对他便异常关切起来。这小孩子到后来也并不辜负家中人的期望，二十岁时便做了步兵上校。至于我那个爸爸，却在蒙古、东北、西藏，各处军队中混过，民国二十年（1931）时还只是一个上校，在本地土著军队里做军医（后改为中医院长），把将军希望留在弟弟身上，在家乡从一种极轻微的疾病中便瞑目了。

我有了外面的自由，对于家中的爱护反觉处处受了牵制，因此家中人疏忽了我的生活时，反而似乎使我方便了好些。领导我逃出学塾，尽我到日光下去认识这大千世界微妙的光，稀奇的色，以及万汇百物的动静，这人是我一个张姓表哥。他开始带我到他家中橘柚园中去玩，到城外山上去玩，到各种野孩子堆里去玩，到水边去玩。他教我说谎，用一种谎话对付家中，又用另一种谎话对付学塾，引诱我跟他各处跑去。

即或不逃学，学塾为了担心学童下河洗澡，每到中午散学时，照例必在每人手心中用朱笔写个大字，我们尚依然能够一手高举，把身体泡到河水中玩个半天。这方法也亏那表哥想出的。我感情流动而不凝固，一派清波给予我的影响实在不小。我幼小时较美丽的生活，大部分都同水不能分离。我的学校可以说是在水边的。我认识美，学会思索，水对我有极大的关系。我最初与水接近，便是那荒唐表哥领带的。

现在说来，我在做孩子的时代，原本也不是个全不知自重的小孩子。我并不愚蠢。当时在一班表兄弟中和弟兄中，似乎只有我那个哥哥比我聪明，我却比其他一切孩子懂事。但自从那表哥教会我逃学后，我便成为毫不自重的人了。在各样教训各样方法管束下，我不欢喜读书的性情，从塾师方面，从家庭方面，从亲戚方面，莫不对于我感觉到无多希望。我的长处到那时只是种种的说谎。我非从学塾逃到外面空气下不可，逃学过后又得逃避处罚。我最先所学，同时拿来致用的，也就是根据各种经验来制作各种谎话。我的心总得为一种新鲜声音，新鲜颜色，新鲜气味而跳。我得认识本人生活以外的生活。我的智慧应当从直接生活上吸收消化，却不须从一本好书一句好话上学来。似乎就只这样一个原因，我在学塾中，逃学纪录天数，在当时便比任何一人都高。

自从逃学成习惯后，我除了想方设法逃学，什么也不再关心。

有时天气坏一点，不便出城上山里去玩，逃了学没有什么去处，我就一个人走到城外庙里去。本地大建筑在城外计三十来处，除了庙宇就是会馆和祠堂。空地广阔，因此均为小手工业工人所利用。那些庙里总常常有人在殿前廊下绞绳子、织竹簟、做香，我就看他们做事。有人下棋，我看下棋。有人打拳，我看打拳。甚至于相骂，我也看着，看他们如何骂来骂去，如何结果。因为自己既逃学，走到的地方必不能有熟人，所到的必是较远的庙里。到了那里，既无一个熟人，因此什么事都只好用耳朵去听，眼睛去看，直到看无可看听无可听时，我便应当设计打量我怎么回家去的方法了。

来去学校我得拿一个书篮。内中有十多本破书，由《包句杂志》《幼学琼林》到《论语》《诗经》《尚书》通常得背诵，分量相当沉重。逃学时还把书篮挂到手肘上，这就未免太蠢了一点。凡这么办的可以说是不聪明的孩子。许多这种小孩子，因为逃学到各处去，人家一见就认得出，上年纪一点的人见到时就会说："逃学的，赶快跑回家挨打去，不要在这里玩。"若无书篮可不必受这种教训。因此我们就想出了一个方法，把书篮寄存到一个土地庙里去。那地方无一个人看管，但谁也用不着担心他的书篮。小孩子对于土地神全不缺少必需的敬畏，都信托这木偶，把书篮好好地藏到神座龛子里去，常常同时有五个或八个，到时却各人把各人的拿走，谁也不会乱动旁人的东西。我把书篮放到那地方去，次数是不能记忆了的，照我想来，次数最多的必定是我。

逃学失败被家中学校任何一方面发觉时，两方面总得各挨一顿打。在学校得自己把板凳搬到孔夫子牌位前，伏在上面受笞。处罚过后还要对孔夫子牌位作一揖，表示忏悔。有时又常常罚跪至一根香时间。我一面被处罚跪在房中的一隅，一面便记着各种事情，想象恰如生了一对翅膀，凭经验飞到各样动人事物上去。

按照天气寒暖，想到河中的鳜鱼被钓起离水以后拨刺的情形，想到天上飞满风筝的情形，想到空山中歌呼的黄鹂，想到树木上累累的果实。由于最容易神往到种种屋外东西上去，反而常把处罚的痛苦忘掉，处罚的时间忘掉，直到被唤起以后为止，我就从不曾在被处罚中感觉过小小冤屈。那不是冤屈。我应感谢那种处罚，使我无法同自然接近时，给我一个练习想象的机会。

家中对这件事自然照例不大明白情形，以为只是教师方面太宽的过失，因此又为我换一个教师。我当然不能在这些变动上有什么异议。这事对我说来，我倒又得感谢我的家中。因为先前那个学校比较近些，虽常常绕道上学，终不是个办法，且因绕道过远，把时间耽误太久时，无可托词。现在的学校可真很远很远了，不必包绕偏街，我便应当经过许多有趣味的地方了。

从我家中到那个新的学塾里去时，路上我可看到针铺门前永远必有一个老人戴了极大的眼镜，低下头来在那里磨针。又可看到一个伞铺，大门敞开，做伞时十几个学徒一起工作，尽人欣赏。又有皮靴店，大胖子皮匠，天热时总腆出一个大而黑的肚皮（上面有一撮毛）用夹板上鞋。又有剃头铺，任何时节总有人手托一个小小木盘，呆呆地在那里尽剃头师傅刮脸。又可看到一家染坊，有强壮多力的苗人，踹在凹形石碾上面，站得高高的，手扶着墙上横木，偏左偏右的摇荡。又有三家苗人打豆腐的作坊，小腰白齿头包花帕的苗妇人，时时刻刻口上都轻声唱歌，一面引逗缚在身背后包单里的小苗人，一面用放光的红铜勺舀取豆浆。

我还必须经过一个豆粉作坊，远远的就可听到骡子推磨隆隆的声音，屋顶棚架上晾满白粉条。我还得经过一些屠户肉案桌，可看到那些新鲜猪肉（被）砍碎时尚在跳动不止。我还得经过一家扎冥器出租花轿的铺子，有白面无常鬼、蓝面阎罗王、鱼龙、轿子，金童玉女。每天且可以从他那里看出有多少人接亲，有多少冥器，那些定做的作品又成就了多少，换了些什么式样。并且还常常停顿下来，看他们贴金、敷粉、涂色，一站许久。

我就欢喜看那些东西，一面看一面明白了许多事情。

有时逃学又只是到山上去偷人家园地里的李子、枇杷，主人拿着长长的竹竿大骂着追来时，就飞奔而逃，逃到远处一面吃那个赃物，一面还唱山歌气那主人。总而言之，人虽小小的，两只脚跑得很快，什么茅棚里钻去也不在乎，要捉我可捉不到，就认为这种事很有趣味。

可是只要我不逃学，在学校里我是不至于像其他那些人受处罚的。我从不用心念书，但我从不在应当背诵时节无法对付。许多书总是临时来读十遍八遍，背诵时节却居然朗朗上口，一字不遗。也似乎就由于这份小小聪明，学校把我同一般同学一样待遇，更使我轻视学校。家中不了解我为什么不想上进，不好好地利用自己聪明用功，我不了解家中为什么只要我读书，不让我玩。我自己总以为读书太容易了点，把认得的字记记那不算什么稀奇。最稀奇处应当是另外那些人，在他那分习惯下所做的一切事情。为什么骡子推磨时得把眼睛遮上？为什么刀得烧红时在水里一淬方能坚硬？为什么雕佛像的会把木头雕成人形，所贴的金那么薄又用什么方法做成？为什么小铜匠会在一块铜板上钻那么一个圆眼，刻花时刻得整整齐齐？这些古怪事情太多了。

我生活中充满了疑问，都得我自己去找寻解答。我要知道的太多，所知道的又太少，有时便有点发愁。就为的是白日里太野，各处去看，各处去听，还各处去嗅闻，死蛇的气味，腐草的气味，屠户身上的气味，烧碗处土窑淋雨以后放出的气味，要我说来虽当时无法用言语去形容，要我辨别却十分容易。

蝙蝠的声音，一只黄牛当屠户把刀插进它喉中时叹息的声音，藏在田塍土穴中大黄喉蛇的鸣声，黑暗中鱼在水面拨剌的微声，全因到耳边时分量不同，我也记得那么清清楚楚。因此回到家里时，夜间我便做出无数稀奇古怪的梦。这些梦直到将近二十年后的如今，还常常使我在半夜里无法安眠，既把我带回到那个“过去”的空虚里去，也把我带往空幻的宇宙里去。

寄宿舍生活的回忆

丰子恺

寄宿舍生活给我的印象，犹如把数百只小猴子关闭在大笼子中，而使之一起饮食，一起起卧。小猴子们怎不闹出种种可笑的把戏来呢？十多年前，我也曾做了一只小猴子而在杭州第一师范学校的大笼子中度过五年可笑的生活。现在回想起来，饭厅里把戏最为可笑。

生活程度增高，物价腾贵，庶务先生精明，厨房司务调皮，加之以青年学生的食欲昂进（旺盛意），夹大夹小七八个毛头小伙子，围住一张板桌，协力对付五只高脚碗里的浅零零的菜蔬，真有“老虎吃蝴蝶”之势。菜蔬中整块的肉是难得见面的。一碗菜里露出疏疏的几根肉丝，或一个蛋边添配一朵肉酱，算是席上的珍品了。倘有一个人大胆地开始向这碗里叉了一筷，立刻便有十多只筷子一齐凑集在这碗菜里，八面夹攻，大有致它死命的气概。我是一向不吃肉的，没有尝到这种夹攻的滋味。但食后在盥洗处，时常听见同学们的不平之语。有的人说：“这家伙真厉害，他拿筷子在菜面上掉一个圈子，所有的肉丝便结集在他的筷子上，被他一筷子夹去了。”又有的人说：“那家伙坏透了。他把筷子从蛋黄旁边斜插进去，向底下挖取。上面看来蛋黄不曾动弹，其实底下的半个蛋黄已被挖空，剩下的只是蛋黄的一张壳了。”

有时众目所注意的，是一段鲞鱼。这种鲞鱼在家庭的厨房里是极粗末的东西，在当时卖起来不过两三个铜板一段。但在我们的桌面上，真同山珍海味一般可贵。因为它又咸又腥，夹得到一粒，可以送下三四口饭呢。不幸，这种鲞鱼大都是石硬的。厨房司务又要省柴，蒸得半生不熟。筷子头上不曾装着刀锯。两根平头的毛竹对付这段带皮连骨的石硬的鲞鱼，真非用敏捷的手法不可。我向来拙于用筷的手法。有一时期又听信了一个经济腕力的同学的意见，让右手专司握笔而改用左手拿筷，手法便更加拙劣。偏偏这碗鲞鱼常不放在我的面前，而远远地放在桌的对面。我总要千难万试，候着适当的机会，看中了鲞鱼的一角而下箸。一夹不动，再夹，三夹又不动。别人的筷子已经跃跃欲试地等候在我的手臂的两旁，犹如马路口的车子的等候绿灯了。我不好尽管阻碍交通，只得拉了一片鲞皮回来。有时连夹了四五次，竟连鲞皮都不得一条；而等候开放的人的眼，又都注集在我的筷头，督视着我的演技。空筷子缩回来太没有面子。但到底没有办法，我只得红着脸孔，蘸一些鲞汤回来，也送下了一口白饭。

这原是我的技巧拙劣的缘故。饭厅中的人大都眼明手快，当食不让，像我这样拙劣而退缩的人是少数。有的人一顿要吃十来碗饭。吃到本桌上的菜蔬碗底只只向天的时候，他们便转移到有剩菜的邻桌上去吃。吃其余不足，又顾而之他，好像逐水草而转移的游牧之民。

又有大食量而兼大胖子的人，舍监先生编排膳厅座位时，倘把这大胖子编定在某席上，与他同坐一边的人就多不平了。饭厅上的板桌比较普通家庭间的八仙桌狭小得多。在最伟大的胖子，原来只合独占一边；他占据了一边的三分之二，把其余的三分之一让给同坐一边的瘦子，已经是客气了。然而那瘦子便抱不平。瘦子的不平也是难怪的。因为这不是暂时之事，膳厅的座位一经舍监先生编定之后，同坐一边的两人犹如经过了正式结婚的夫妇，不由你任意离开了。一日三餐，一学期一百三五十日，共四百余餐，要餐餐偎傍了一个大胖子而躲在桌角上吃饭，原是人情所难堪的事。

况且吃饭一事实在过于重大，据我所闻，暂时同吃一席喜酒，亦有因侵占座位而起口角的事：我的故乡石门地方，有一位吃亏不起的先生，赴亲友家吃喜酒，恰巧和一个老实不客气的大胖子同坐在桌的一边。那大胖子独占了桌边的三分之二，这吃亏不起的先生就向他开口："老兄，你送多少喜仪？"大胖子一时不懂他的意思，率尔而对曰："我送四角。"那人接着说道："原来你也只送四角，我道你是送六角的。"我们饭厅里的瘦子并未责问大胖子缴多少膳费，究竟是在受教育的人，客气得多。

我们的饭厅里，着实是可称为客气的。我们守着这样的礼仪：用膳完毕的时候，必须举起筷子，向着同桌未用毕的人画一个圈子用以代表"慢用"。未用毕的人也须用筷子向他一点，用以代表"用饱"。桌桌如此，餐餐如此。就是在五只菜碗底都向天，未毕的人无可慢用，已毕的人不曾用饱的时候，这礼仪也遵行不废。但是，一群猴子关闭在一个笼子里，客气也有客气的可笑。举动轻率的青年想把筷子伸向左方的一碗中去夹菜，忽又看中了右方的一碗菜，中途把筷子绕回右方，不期地在桌面上画了一个圈子。其余的人当他是行“慢用”的礼，大家用筷子来向他乱点。结果满座发出一种说不出的笑声。又有举动孟浪的孩子只管急忙地划饭，不提防饭粒滚进了气管，咳嗽出一大口和菜嚼碎了的饭粒来，分播在公用的菜碗里，又惹起一种说不出的笑声。

据我的妻子所说，她在某女学校中做寄宿生的时候，饭堂里的礼仪比我们更为严重。同桌的八个人，膳毕须等了一同散去，不得先走。据她说，吃得快而等候别人，不过对着残盘多坐一下，还不算苦；苦的是吃得慢而被人等候的人。倘守了末位，更加难堪。其余七个人都已用毕，环坐在你的面前，二七十四只眼睛熠熠地注视你的举动，看你夹菜，看你划饭，看你咀嚼，看你咽下去。十目所视已经严了，何况十四只眼睛的注视！这结果，吃亏了娇养惯的姑娘，便宜了厨房老板（她的学校是由校长先生家里包饭的）。在家庭间娇养惯的姑娘吃饭大都是一粒一粒地咀嚼的。她们到这学校里来吃饭，最是吃亏。别人放下碗筷的时候，她还没有吃完一碗饭。在十几只眼睛的监视之下，不好意思从容地添饭，只得饿着肚子走开了。大家怕守末位，只得大家少吃些，这就便宜了厨房老板（即校长先生）。

总之，饭厅里种种可笑的把戏，都由于共食而发生。倘改了分食，我们的饭厅里就寂寞了。各人各吃一份，吃肉丝不必用筷掉圈子，吃蛋无须向底下挖，吃鲞的艰辛也可免除。大食量的人无处游牧，大胖子不致受人讨嫌，那种说不出的笑声也没有了。我们习惯了共食，以为吃饭当然如此；但根本地想来，这办法实在有些稀奇，而且颇不妥当。我们的吃饭是以饭为主体而菜蔬为补助的。这仿佛馒头，主体是面，而由馅补助面的滋味。但馒头中的主体和补助物各有相当的分量，由做馒头的人配好了给我们吃。吃饭则并不配好，而一任吃者临时自己配合。但又不是一餐一餐地配合，也不是一碗一碗地配合，而是一口一口地配合的。划进一口饭，从口中抽出筷子，插进公用的菜碗里，夹取一菜，再送进口中。这办法稀奇得带些野蛮。有洁癖的人自备专用的碗筷，每餐随身携带。却不知共食的时候，七八双筷子从七八只口中到公用的菜碗里要往返数十百次。每碗菜里都已混着各人的唾液了。像我们的饭厅里的小弟弟们，有时竟把嚼碎了的饭屑由筷子带到公用的菜碗里，搅匀了给各人分吃呢。

共食的办法在家庭间也许可行，但在我们的饭厅中，行之便有种种可笑的把戏。因为一桌中的和平，全靠各人的公德和良心而维持。共食者要个个是恪守礼仪的道学先生也许可以没事。但我们是关闭在大笼子中的小猴子，不像群狗的狂吠而争食，还算是客气的啊！

饭厅上的可笑由于合并而来，宿舍里的可笑则由于分别而生。住的地方和睡的地方，分别为二处。数百学生，每晚像羊群一般地被驱逐到楼上的寝室内，强迫他们同时睡觉；每晨又强迫他们同时起身，一齐驱逐到楼下的自修室中。明月之夜，倘在校庭中多流连了一会儿，至少须得暗中摸索而就寝；甚或蒙舍监的谴责，被视为学校中的犯法行为。严冬之晨，倘在被窝里多流连了一会儿，就得牺牲早饭，或被锁闭在寝室总门内。照这制度的要求，学生须同畜生一样，每天一律放牧，一律归牢，不许一只离群而独步。

那宿舍的模样，就同动物园一般。一条长廊之中，连续排列着头二十间寝室的门。门的形状色彩完全相同。每一寝室内排列着三六十八只板床，床的形状也完全相同。各室中的布置又完全相同。你倘若被编排在靠近长廊首尾的几间寝室中，还容易认识。但我不幸而常被编排在中段的几间寝室中，就寝时便不易从形式上认自己的房间。寝室的门上，原有寝室号码。旁边又挂着室内的寄宿生的姓名表，宛如动物园内的笼上的标札。白天要找寻自己的寝室，原可按着号码或姓名表而探索；但长廊的两端的寝室总门，白天是锁闭的。我们入寝室的时间总是黑夜九点半钟。这时候每室内开一盏电灯，长廊的两端的扶梯上面也各有一盏电灯。但灯光极弱，寝室号码是不易辨认的。我只能跟随同寝室的人，或牢记门口一张床内的被褥的色彩和花纹，以为自己的寝室的记号。倘这位睡在门口的朋友一朝换了被头，我便一时失迷，须得张皇逡巡一会儿，然后发现自己的窠巢。找到了自己的床，赶快脱衣就睡。

不久寝室内就变成黑暗的世界了。长廊两端的两盏电灯原是通夜不熄的。长廊内依旧有光。但中段的寝室门外，所受的光度很是微弱了。倘不是月明之夜，熄灯后在寝室内只看见开向长廊内的玻璃窗的微明的方格，此外更无一线光明了。这在翻进床里就打眠鼾的人也许不觉得苦；但我在青年时代，向有不易入睡的习癖。因为不易入睡，就欢喜停火。倘先熄了灯，我便辗转不能成寐，要直到更深人倦，然后瞑目。但次日不能早起，须得放弃早膳，或被锁闭，或受舍监先生的责罚了。所以我初到这学校来做寄宿生的时候，曾为了这个习癖而受不少的苦恼。

曾记那时候，我对于自己的习癖异常执着。我心中常痛恨学校生活的无理，而庇护自己的习癖。有一次我看到洪北江（洪亮吉）的文句“夜寝列烛，求其悦魂”，以为我自己的习癖暗合于古人的意见，便非常高兴。现在，我已改为日出而起日入而息的生活，灯火在我几乎无用了。但回忆青年时代所憧憬的文句，仍觉得可爱。上次我到上海，曾专为这文句而买了一部《八大家骈文钞》。

宿舍中的可笑的把戏，就在我辗转不寐的时候演出来了。小便的桶放在长廊两端扶梯上头的电灯下面。约莫十一二点钟，头一忽困醒的时候，就听见邻室中有人起来小便。死一般沉寂的宿舍中，寝室门“呀”的一声，长廊内就有仓皇出奔似的脚步声。“腾腾腾腾”地越响越远，终于消失了。不久这声音又起，越响越近，寝室门“呀”的一声，又沉寂了。忽然我们的寝室内起了一种惊骇的呼叫声。“啊呦，啊呦！”“哪一个？哪一个？”邻床的人被他们扰醒，继续就有答话之声和笑声。原来邻室中赴小便回来的人睡眼蒙眬，认错了一扇门，误进了我们的寝室，急忙把身子钻进同样位置的眠床中，却压在别人的身上，就把那人从睡梦中吓醒，两人都惊喊起来，演成这幕深夜的趣剧。因为我们虽被豢养在这动物园里，但实际上并未具有狗鼻子一般灵敏的嗅觉，或猫眼睛一般锋利的视觉，故在暗夜中便会误认自己的窠巢。明天的自修室中就添了一种谈笑的资料。

自修室就在寝室的楼下，也是向着长廊中开门的。每室容二十四人，两人共用一桌，两桌相对四人为一团，一室共六团。六团在室中的布置，依照骰子上的六点的式样。室室都如此。每天晚上七时至九时之间，四五百人都在埋头自修的时候，你倘不想起这是我们的学校的宿舍，而走到长廊中去观望各室的光景，一定要错认这是一大嘈杂的裁缝工场。我最初加入这生活中的时候，非常不惯，觉得这里面实在只宜于缝工。缝工可以一面缝纫，而一面听人说话或和人谈天。要我在这里面读书，我只得先拿钢笔尖来刺聋自己的耳朵。耳朵终于没有刺，但后来自然变成聋人一般，也会在别人揶揄谈笑的旁边看书或演习算草了。有时对座的五年级生拉着高调而朗读《古文观止》，同时使劲地抖他的腿，我对于他的高调也可以置若罔闻，不过算草簿子上添了许多曲线组成的阿拉伯字。

寄宿舍中的自由乡是调养室，所以调养室中常常人满。虽经舍监和校医严格地限制，但入调养室的人依然很多。我也曾一入这自由乡。觉得调养室的生活比较宿舍的生活，一软一硬，一宽一猛，一温一寒。那里的床铺和桌椅的位置，可以自由改动，不拘一定的形状。起居可以随意早晚，不受铃声的支配。舍监先生不来点名，上课了可以堂皇地缺席。最舒服的，病人可以公然地叫厨子做些爱吃的菜蔬，或叫斋夫生个炭炉来自煮些私菜。这不但病人舒服，病人的同乡或知友们也可托这病人的福而来调养室中享受几顿丰富、舒泰、温暖的晚餐。故病势轻微而病状显著的病是我们所盼望的。发疟（疟疾）的人最幸福了。疟的发作，不管寝室的总门开不开，立刻要来拥被而卧。这真是入调养室的最正当又最有力的理由。而且入室以后，在疟势不发作的时间，欢喜上的课依旧可以去上，不欢喜上的课可以公然不到。这真是学生的幸福病！我的入调养室也是托发疟的福。不幸而疟疾就愈；但我又迁延了几天而出室。出室之后，我想：下次倘得发疟，我绝不肯服金鸡纳霜了。

四五百只小猴子关闭在大笼子中，所演的可笑的把戏多得很呢。但我已不能一一记忆当时的详情了。现在我跳出了笼子而在回忆中旁观当时笼内的生活，觉得可笑。但当身在笼中的时候，只觉得可悲与可怕。我初入学校，曾经一两个月的不快与悲哀。我不惯于这笼中的猴子的生活，而眷恋我的庭帏。自念从此以后，只有在年假和暑假的二三个月内得在家中做人，其余大部分的日月是做猴子的时间了。但为了求学，这又是不可避免的事。求学必须如此的吗？这疑团在我的心中始终不释。

到现在，我脱离学生生活已经十三四年了。但昔日的疑团在我心中依然不去。那种可悲可怕的感情，也依旧可以再现。我每逢看到了或想起了关于学生生活的状况，犹如惊弓之鸟，总觉得害怕。上回我到上海，赴某学校访问一位在那里做教师的朋友，蒙他引导我到他的卧室中去谈话。通过学生宿舍的时候，我看见一个开着门的寝室中，排列着许多床铺，一律上起蚊帐，叠好被头。地板上只有极整齐的板缝的并行线，没有半点东西，很像图书馆的藏书室，全不像人所住宿的地方。当我通过这寝室门口的时候，我的朋友对我说："这里的宿舍办得还整齐呢，你看！"我漫应了一声。但想起他这句话的代价，十多年前在母亲膝前送尽了愉逸的假期而重到学校宿舍中时所感到的那种黯然的情绪再现在我的心头了。

又如这一回，我结束了母亲的葬事，为了要写这些稿子，匆匆离开故乡，回到嘉兴的寺院一般静寂的寓居中。同舟的有两个孩子和我姐的儿子——立达学园高中科学生周志道君。他因为寒假期满，故来我家送了他的外祖母的葬，便搭了我的船，同到嘉兴，预备次日乘火车赴江湾上学。我在舟中非常愉快。因为我已经结束了平生最后的一件大事，现在是坐了自己独雇的船，悠悠地开到我所欢喜的寺院一般静寂的寓居中。但对着同舟的青年又感到黯然的情绪。因为我用自己的心来推度他的心，觉得他现在是在他母亲膝前送尽了愉逸的假期而整装赴校，又将开始我所认为可悲可怕的寄宿舍生活了。

故到寓的第一日，我的兴味为他减杀了一半。我似又不便要他一同享乐我的家庭生活。例如在火炉上煨些年糕，煎些茶，或向园地里拔些萝卜，割些黄芽菜，是我的家庭中的无上的乐趣。但想起了我的外甥不能长久和我们共乐而且此去将开始严格的学生生活，我的兴趣就被对他的同情所阻抑，不能充分地展开了。——虽然我明知道他对于家庭生活和学校生活的感情不一定和我一样。但这好比闲步于车站之旁，在栅栏外面旁观急急忙忙地上车下车的旅客。对他们摆出悠闲的态度来，似乎是残忍的行为。

朝抵抗力最大的路径走

朱光潜

我提出这个题目来谈，是根据一点亲身的经验。有一个时候，我学过作诗填词。往往一时兴到，我信笔直书，心里想到什么，就写什么，写成了自己读读看，觉得很高兴，自以为还写得不坏。

后来我把这些处女作拿给一位精于诗词的朋友看，请他批评，他仔细看了一遍后，很坦白地告诉我说："你的诗词未尝不能作，只是你现在所作的还要不得。"我就问他："毛病在哪里呢?"他说："你的诗词都来得太容易，你没有下过力，你欢喜取巧，显小聪明。"听了这话，我捏了一把冷汗，起初还有些不服，后来对于前人作品多费过一点心思，才恍然大悟那位朋友批评我的话真是一语破的。

我的毛病确是在没有下过力。我过于相信自然流露，没有知道第一次浮上心头的意思往往不是最好的意思，第一次心头的词句也往往不是最好词句。意境要经过洗炼，表现意境的词句也要经过推敲，才能脱去渣滓，达到精妙境界。洗炼推敲要吃苦费力，要朝抵抗力力最大的路径走。福楼拜自述写作的辛苦说："写作要超人的意志，而我却只是一个人！"我也有同样感觉，我缺乏超人的意志，不能拼死力往里钻，只朝抵抗力最低的路径走。

这一点切身的经验使我受到很深的感触。它是一种失败，然而从这种失败中我得到一个很好的教训。我觉得不但在文艺方面，就在立身处世的任何方面，贪懒取巧都不会有大成就，要有大成就，必定朝抵抗力最大的路径走。

"抵抗力"是物理学上的一个术语。凡物在静止时都本其固有"惰性"而继续静止，要使它动，必须在它身上加"动力"，动力愈大，动愈速愈远。动的路径上不能无抵抗力，凡物的动都朝抵抗力最低的方向。如果抵抗力大于动力，动就会停止，抵抗力纵是低，聚集起来也可以使动力逐渐减少以至于消灭，所以物不能永动，静止后要它续动，必须加以新动力。这是物理学上一个很简单的原理，也可以应用到人生上面。

人像一般物质一样，也有惰性，要想他动，也必须有动力。人的动力就是他自己的意志力。意志力越强，动越易成功；意志力越弱，动越易失败。不过人和一般物质有一个重要的分别；一般物质的动都是被动，使它动的动力是外来的；人的动有时可以是主动，使他动的意志力是自生自发自给自足的。

在物的方面，动不能自动地随抵抗力之增加而增加；在人的方面，意志力可以自动地随抵抗力之增加而增加，所以物质永远是朝抵抗力最低的路径走，而人可以朝抵抗力最大的路径走。物的动必终为抵抗力所阻止，而人的动可以不为抵抗力所阻止。

照这样看，人之所以为人，就在能不为最大的抵抗力所压服。我们如果要测量一个人有多少人性，最好的标准就是他对于抵抗力所拿出的抵抗力。换句话说，就是他对于环境困难所表现的意志力。

我在上文说过，人可以朝抵抗力最大的路径走，人的动可以不为抵抗力所阻。我说“可以”不说“必定”，因为世间大多数人仍是惰性大于意志力，欢喜朝抵抗力最低的路径走，抵抗力稍大，他就要缴械投降。这种人在事实上失去最高生命的特征，堕落到无生命的物质的水平线上，和死尸一样东推东倒，西推西倒。他们在道德学问事功各方面都绝不会有成就，万一以庸庸得厚福，也是叨天之幸。

人生来是精神所附丽的物质，免不掉物质所常有的惰性。抵抗力最低的路径常是一种引诱，我们还可以说，凡是引诱所以能成为引诱，都因为它是抵抗力最低的路径，最能迎合人的惰性。惰性是我们的仇敌，要克服惰性，我们必须动员坚强的意志力，不怕朝抵抗力最大的路径走。走通了，抵抗力就算被征服，要做的事也就算成功。

举一个极简单的例子。在冬天早晨，你睡在热被窝里很舒适，心里虽知道这应该是起床的时候而你总舍不得起来，你不起来，则顺着惰性，朝抵抗力最低的路径走。被窝的暖和舒适，外面的空气寒冷，多躺一会儿的种种借口，对于起床的动作都是很大的抵抗力，使你觉得起床是一件天大的难事。但是你如果下一个决心，说非起来不可，一耸身你也就起来了。这一起来事情虽小，却表示你对于最大抵抗力的征服，你的企图的成功。

这是一个琐屑的事例，其实世间一切事情都可作如此看法。历史上许多伟大人物之所以能有伟大成就，大半都靠有极坚强的意志力，肯向抵抗力最大的路径走。例如孔子，他是当时的大学者，门徒很多，如果他贪图个人的舒适，大可以在曲阜过他安静的、学者的生活。但是他毕生东奔西走，席不暇暖，在陈绝过粮，在匡遇过生命危险，他那副奔波劳碌栖栖遑遑的样子颇受当时隐者的嗤笑。他为什么要这样呢？就因为他有改革世界的抱负，非达到理想，他不肯甘休。

《论语》“长沮桀溺”章最足见出他的心事。长沮、桀溺二人隐在乡下耕田，孔子叫子路去向他们问路，他们听说是孔子，就告诉子路说：“滔滔者天下皆是也，而谁以易之？”意思是说，于今世道到处都是一般糟，谁去理会它，改革它呢？孔子听到这话叹气说：“鸟兽不可与同群，吾非斯人之徒与而谁与？天下有道，丘不与易也。”意思是说，我们即是人就应做人所应该做的事；如果世道不糟，我自然就用不着费气力去改革它。孔子平生所说的话，我觉这几句最沉痛，最伟大。长沮、桀溺看天下无道，就退隐躬耕，这是朝抵抗力最低的路径走，孔子看天下无道，就牺牲一切要拼命去改革它，这是朝抵抗力最大的路径走。他说得很干脆：“天下有道，丘不与易也。”

再如耶稣，从《新约》中四部《福音》看，他的一生都是朝抵抗力最大的路径走。他抛弃父母兄弟，反抗当时旧犹太宗教，攻击当时的社会组织，要在慈爱上建筑一个理想的天国，受尽种种困难艰苦，到最后牺牲了性命，都不肯放弃了他的理想。在他的生命史中有一段是千钧一发的危机，他下决心要宣传天国福音后，跑到沙漠里苦修了四十昼夜。据他的门徒记载，这四十昼夜中他不断地受恶魔引诱，恶魔引诱他去争尘世的威权，去背叛上帝，崇拜恶魔自己。耶稣经过四十昼夜的挣扎，终于拒绝恶魔的引诱，坚定了对于天国的信念。

从我们非教徒的观点看，这段恶魔引诱的故事是一个寓言，表示耶稣自己内心的冲突。横在他面前的有两路：一是上帝的路，一是恶魔的路。走上帝的路要牺牲自己，走恶魔的路他可以握住政权，享受尘世的安富尊荣。经过了四十昼夜的挣扎，他决定了走抵抗力最大的路——上帝的路。

我特别在耶稣生命中提出恶魔引诱的一段故事，因为它很可以说明宋明理学家所说的天理与人欲的冲突。我们一般人尽善尽恶的不多见，性格中往往是天理与人欲杂糅，有上帝也有恶魔，我们的生命史常是一部理与欲，上帝与恶魔的壮举争史。我们常在歧途徘徊，理性告诉我们向东，欲念却引诱我们向西。在这种时候，上帝的势力与恶魔的势力好像摆在天平的两端，见不出谁轻谁重。这是“千钧一发”的时候，“一失足即成千古恨”，一挣扎立即可成圣贤豪杰。如果要上帝的那一端天平沉重一点，我们必须在上面加一点重量，这重量就是拒绝引诱，克服抵抗力的意志力。

有些人在紧要关头拿不出一点意志力，听惰性摆布，轻轻易易地堕落下去，或是所拿的意志力不够坚决，经过一番冲突之后，仍然向恶魔缴械投降。例如，洪承畴本是明末一个名臣，原来也很想效忠明朝，恢复河山，清兵入关后，大家都预料他以死殉国，清兵百计劝诱他投降，他原也很想不投降，但是，到最后终于抵不住生命的执着与禄位的诱惑，做了明朝的汉奸。

再举一个眼前的例子，汪精卫前半生对于民族革命很努力，当抗战开始时，他广播演说也很慷慨激昂。谁料到他利欲熏心，一经敌人引诱，就起了卖国叛党的坏心事。依陶希圣的记载，他在上海时似仍感到良心上的痛苦，如果他拿一点意志力，及早回头，或以一煞费苦心谢国人，也还不失为知过能改的好汉。但是他拿不出一点意志力，就认错就错，甘心认贼作父。世间许多人失节败行，都像汪精卫、洪承畴之流，在紧要关头，不肯争一口气，就马马虎虎地朝抵抗力最低的路径走。

这是比较显著的例，其实我们涉身处世，随时随地，目前都横着两条路径，一是抵抗力最低的，一是抵抗力最大的。比如当学生，不死心塌地去做学问，只敷衍功课，混分数文凭；毕业后不拿出本领去替社会服务，只奔走巴结，夤缘幸进，以不才而在高位；做事时又不把事当事做，只一味因循苟且，敷衍了事，甚至于贪污淫逸，遇钱即抓，不管它来路正当不正当——这都是放弃抵抗力最大的路径而走抵抗力最低的路径。这种心理如充类至尽，就可以逐渐使一个人堕落。

我当穷究目前社会腐败的根源，以为一切都由于懒。懒，所以苟且因循敷衍，做事不认真；懒，所以贪小便宜，以不正当的方法解决个人的生计；懒，所以随俗浮沉，一味圆滑，不敢为正义公道奋斗；懒，所以遇引诱即堕落，个人生活无纪律，社会生活无秩序。知识阶级懒，所以文化学术无进展；官吏懒，所以政治不上轨道；一般人都懒，所以整个社会都“吊儿郎当”暮气沉沉。懒是百恶之源，也就是朝抵抗力最低的路径走。如果要改造中国社会，第一件心理的破坏工作是除懒，第一件心理的建设工作是提倡奋斗精神。

生命就是一种奋斗，不能奋斗，就失去生命的意义与价值；能奋斗，则世间很少不能征服的困难。古话说得好，“有志者，事竟成”。希腊最大的演说家德摩斯梯尼，他生来口吃，一句话也说不清楚，但他抱定决心要成为一个大演说家，他天天一个人在海边，向着大海练习演说，到后来居然达到了他的志愿。这个实例，阿德勒派心理学家常喜援引。依他们说，人自觉有缺陷，就起“卑劣意识”，自耻不如人，于是心中就起一种“男性的抗议”，自己说我也是人，我不该不如人，我必用我的意志力来弥补天然的缺陷。

阿德勒派学者用这种原则解释许多伟大人物的非常成就，例如聋子成为大音乐家，瞎子成为大诗人之类。我觉得一个人的紧要关头在起“卑劣意识”的时候。起“卑劣意识”是知耻，孔子说得好，“知耻近乎勇”。但知耻虽近乎勇而却不是勇，能勇必定有阿德勒派所说的“男性的抗议”。“男性的抗议”就是认清了一条路径上抵抗力最大而仍然勇往直前，百折不挠。许多人虽天天在“卑劣意识”中过活，却永不能发“男性的抗议”，只知怨天尤人，甚至于自己不长进，希望旁人也跟着他不长进，看旁人长进，只怀满肚子醋意。这种人是由知耻回到无耻辱，注定地要堕落到十八层地狱，永不超生。

能朝抵抗力最大的路径走，是人的特点。人在能尽量发挥这特点时，就足见出他有富裕的生活力。一个人在少年时常是朝气勃勃，有志气，肯干，觉得世间无不可为之事，天大的困难也不放在眼里。到了年事渐长，受过了一些磨折，他就逐渐变成暮气沉沉，意懒心灰，遇事都苟且因循，得过且过，不肯出一点力去奋斗。一个人到了这时候，生活力就已经枯竭，虽是活着，也等于行尸走肉，不能有所作为了。所以一个人如果想奋发有为，最好是趁少年血气方刚的时候，少年时如果能努力，养成一种勇往直前百折不挠的精神，老而益壮也还是可能的。

一个人的生活力之强弱，以能否朝抵抗力最大的路径为准，一个国家或是一个民族也是如此。这个原则有整个的世界史证明。姑举几个显著的例，西方古代最强悍的民族莫如罗马人，我们现在说到能吃苦肯干，重纪律，好冒险，这是“罗马精神”。因其有这种精神，所以罗马人东征西讨，终于统一了欧洲，建立一个庞大的殖民帝国。后来他们从殖民地获得丰富的资源，一般罗马公民都可以坐在家里不动而享受富裕生活，于是变成骄奢淫逸，无恶不作，以至新兴的“野蛮”民族从欧洲东北角向南侵略，罗马人就毫无抵抗而分崩瓦解。

再如满清，他们在入关以前过的是骑猎生活，民性最强悍，很富于吃苦冒险的精神，所以到明末张、李（张献忠、李自成）之乱社会腐败、紊乱时，他们以区区数十万人之力就能入主华夏。可是他们做了皇帝之后，一切皇亲国戚都坐着不动吃皇粮、享大位，过舒服生活，不到三百年，一个新兴民族就变成腐败不堪。辛亥革命起，我们就轻轻易易地把他们推翻了。我们如果要明白一个民族能够堕落到什么地步，最好去看看北平的旗人。

我们中华民族在历史上经过许多波折，从周秦到现在，没有哪一个时代我们不遇到很严重的内忧，也没有哪一个时代我们没有和邻近的民族挣扎，我们爬起来蹶倒，蹶倒了又爬起，如此者已不知若干次。从这简单的史实看，我们民族的生活力确是很强旺，它经过不断的奋斗才维持住它的生存权。这一点祖传的力量是值得我们尊重的。我想，我们民族的雄厚的生活力能使我们克服一切困难。不过我们也要明白，我们的前途困难还很多，经济、文化、教育各方面的建设工作还需要更大的努力。一直到现在，我们所拿出来的奋斗精神还是不够，我们还是有些老朽，我们应该趁早还童。

孟子说：“天将降大任于斯人也，必先苦其心志，劳其筋骨，饿其体肤，空乏其身，行拂乱其所为，所以动心忍性，增益其所不能。”我希望每个中国人，尤其是青年们，要明白我们的责任，本着大无畏的精神，不顾一切困难，向前迈进。